文春文庫

「死ぬんじゃねーぞ!!」

いじめられている君はゼッタイ悪くない

中川翔子

文藝春秋

単行本　二〇一九年八月　文藝春秋刊

漫画・イラスト　中川翔子

協力　㈱ワタナベエンターテインメント

編集協力　小林浩子

目次

はじめに

「死ぬんじゃねーぞ!!」

なんて突然言われたら、びっくりするかもしれません。

まずこの本のタイトルについて、ちょっと説明させてください。

これは、わたしが自分のライブでつい叫んでしまう言葉なのです。

引っ込み思案で自信がなかった十代のころ、わたしが心の奥に閉じ込めていた密かな、確かな夢は、いつかステージに立ち、大好きな歌を歌うことでした。いまその夢が奇跡的に実現し、ステージの上で、歌と光とお客さんの心が重なったとき、いつもこう感じます。

ああ、生きててよかった。

あのとき死ななかったからこそ、こうして奇跡の瞬間に巡り合えた。

ラストに近づくと、そんな思いが溢れ、会場に来てくれたお客さんへの感謝が高まっていきます。

またこの奇跡の時間に巡り合えたらいいな。お互いに生きているからこそ、こうして楽しい時間を作れる。一緒にあたらしい思い出を紡げる。

どうしても自分の思いを伝えたい！　届けたい！　という気持ちが最高潮に達して出てきてしまう言葉。それが……

「みんな、次に会う時まで誰一人……死ぬんじゃねーぞ!!」

わたしは、中学のころにいじめがきっかけで不登校になりました。悪口、陰口に加えて物理的に目に見えるいやがらせ、最後の砦である先生にも失望してなにもかもに絶望してしまい、心が折れてしまったのです。

いじめの定義は時代によって変わってきたといいます。

昭和の時代は、言葉や暴力で精神的に苦痛を感じること。さらに、学校がその事実を認めること。ここまでがセットになっていたといいます。

いじめで悩み、苦しみ、命を絶ってしまう子どもたちが後を絶たなくても、学校側が問題を隠して見て見ぬふりをし、その結果、加害者は罪も責任も問われないまま生きてゆく。

いじめで亡くなった被害者の子の遺族が裁判を起こして訴えても、学校側がそれを認めずに、泣き寝入りすることになるケースも多かったといいます。

命を失って、もうなにも言えなくなり、家族は永遠に続く悲しみの中を生きるなんて、なにひとつ報われない悲しいことです。

時代は平成になり、数々のいじめ事件を踏まえて、いじめ防止対策推進法が作られ、いじめの定義も変わりました。

暴力または精神的に苦痛を感じる行為に、インターネットを通じた行為も含まれるようになりました。

さらに、いじめの中には犯罪行為として警察に相談できるケースもあり、いじめ問題に対する社会の認識も変わってきたように思えます。

それなのに、いじめ事件の報道は後を絶ちません。ニュースの陰でも、表沙汰にならないいじめ事件はまだまだ起こり続けています。

なぜ、これほど問題になり、議論され続けても、いじめはなくならないのでしょうか。

本人が嫌だ、と感じたらそれはいじめ、と言えるといいます。暴力だけではなく、悪口や陰口、さらにはSNSを使ってのいじめ。時代が進むにつれていじめの種類は細分化しています。

十代の心はガラスのように美しくデリケート。興味や知識をぐんぐん浸透させられるやわらかい心に傷がついたら、それは消えないままどんどん深くなってしまいます。感受性が豊かだからこそ、時には死にたくなるほど気持ちが追い詰められてしまうこともありま

す。

理由や原因は人それぞれです。

だけど命を失ったらなにも報われないのです。

まさにいま、傷つき、悩み、悲しんで、夜を過ごしている子も多いと思います。

あしたも学校に行かなきゃならない。

またあの子に会わなきゃならない。

毎日、学校でのつらい時間をとても長く感じ、まわりに相談できない状況にある子は思った以上に多いはずです。

いまのわたしなら、あのころ悩みながら夜を過ごしていた自分に、なんて声をかけるか？

そして、まさにいま悩んでいる子にどんなふうに言葉を伝えられるのか？

　NHKの「#8月31日の夜に。」という番組に出演したとき、わたしはいじめや不登校で悩む十代の心に触れることで、同じように悩んだ自分は、大人になったいまその子たちになにができるのかと考えました。

　わたしは、十代で〝死にたい夜〟を過ごした先に見つけた気持ちを、いつかかたちにしてみたいと思うようになりました。

　言葉にするのはとても難しいけれど、わたしに合ったやり方で、漫画というかたちにもしてみました。

　この本を手にとってくれた方に漫画や絵の部分だけでも、パラパラと見ていただけたら嬉しいです。

　そして、悩んだとき、ふと手にしてくれたら、と願っています。

集団生活が苦手
先生はきらう
「なんでもっと普通に
できないの？」って

普通って何？
わからない
何が何なのか

親には心配かけたくない
でも こんな気持ちで
生きるのしんどい

正直 生きるのが
しんどいし なんで
生きてるのか
わからなくなってきた

でも
死ぬ勇気もない
学校に行かなくなる
勇気もない

学校は サバイバルだ
どうやって 無事に
やり過ごすかばかり
頭がおかしくなりそうだ

今現在も小・中・高校で起きているいじめ

1日に **1000**件以上

1年間で **41万**件以上

いじめ事件が報道されてもいじめもそこからの不登校も減らない どうして？

1人1人が相手の立場に立って考える優しい心と個人の個性と尊厳が守られる安心安全な場所はどうしたらできる？

第一章

わたしのいじめ体験

スクールカーストの中で

わたしが通っていた地元の公立小学校では、休み時間もみんなで仲よくわいわい過ごしていました。

わたしが漫画やゲームが好きなことも、絵を描くことも「ナカショウの好きなこと」とみんなが普通に受け止めてくれていました。

成績や運動がいまいちでも、生徒が好きなことを個性として育ててくれた担任の先生のおかげで、クラスのひとりひとりがそれぞれの得意なことをお互いに個性として認め合い楽しむことができた素晴らしい時間でした。

ところが、私立の女子中学校に進学すると、状況が一変したんです。

入学してすぐに、クラスの中はいくつかのグループに分かれました。

クラスの空気を支配したのは発言力の強い目立つ子たちのグループ。その他

の子たちもそれぞれに小さなグループを作って過ごしている。

小学校のときのように、誰とでも気軽に話したり、休み時間にみんなで自由に遊べるような雰囲気ではありませんでした。

はっきりと、グループの階層ができていて、階層が違うと会話も交流もないのです。

これが、いわゆる「スクールカースト」、クラス内での「ランク付け」です。

「カースト」とはインドで昔使われていた身分によって階層に分ける制度のことだそうです。身分で人間をランク分けするおそろしい仕組みです。

そのカースト制度の仕組みを、学校の人間関係に当てはめたのが、「スクールカースト」。

誰が最初に言い始めたのかわかりませんが、でも表現としてはまさにその通りなのです。クラスの中にはボスのグループを頂点にした序列がはっきりとできあがっていきました。

「高カースト」の一軍は、メジャー系・不良系・運動部の子たちや、にぎやかで自己主張が強く、おしゃれな雰囲気だったり、かわいい子たちが属します。スポーツが得意、親が影響力を持っている子なども一軍に入るといいます。

二軍、いわゆる「中カースト」はおとなしい優等生タイプの子たちです。無難に立ち回れているからこその、安定できる一番羨ましい場所だったなぁと思っていました。

下の三軍「低カースト」はオタク気質や、運動音痴、ぼっち、ちょっと変わった不思議ちゃんなどです。とはいえ、実際にはもっと複雑に入り組んでいます。一軍でも仲間割れが起こったり、いつハブにされたりするかわからないし、三軍の下にはさらにカースト外があったりするのです。わたしは三軍にまで落ちました。

いじめのターゲットになるのは、三軍以下「低カースト」の子たちです。一度「身分」が決まってしまうと、もうそこから上がることは難しいです。おそろしい無言の圧力と目に見えない序列がクラスを支配してしまうのです。

スクールカースト

見えないようで ハッキリ見えるもの。この言葉ができるずっと前から 一軍・二軍・三軍 陰キャ・陽キャの格差がしんどい

同調圧力 一軍の中でも仲間割れ・ハブリが起きたりもする 三軍の下にカースト外があったりもする……

不良系・メジャー系運動部
気が強い おしゃれ ギャル
にぎやか お笑い好き ヤンキー
パリピ
ウェイ系
スポーツとくい
かわいい
おとなしい
優等生

1軍 上位

2軍 中位

3軍 下位

オタク気質 ぼっち
運動音痴
不思議ちゃん いじめられっ子

社会に出てから
カーストが逆転したりするパターンや
いじめっ子に因果応報が起きることも。

兄や姉がいて、入学してすぐの最初の時期が大事なんだという情報を得られ
ていたら、うまく対処できたのかもしれません。でも、わたしは一人っ子だっ
たので、その空気をすぐに読みとることができませんでした。

中学になりガラリと空気感の変わったクラスでは、ちょっとしたことを理由
にハブにされて、そしてそれが積み重なって、あっという間に低カーストへ転
がり落ちていきました。

「キモい子」というレッテル

わたしが中学に入学したころはプリクラ全盛の時代。誰もが友だちとプリク
ラを撮っては、プリクラ帳にあふれんばかりに貼りつけて、お互いに見せ合っ
ていました。

けれど、わたしはプリクラ帳を持っていなかったのです。

それは中学に入ってすぐの致命的なミスになってしまいました。

入学して席が割り振られ、これからの中学生活にドキドキ期待に満ちた最初の時期。

となりの席になった大人っぽい子から、「プリクラ帳見せて〜」と話しかけられます。わたしが、「持ってないの」と答えると、「えっ、じゃああした絶対持ってきてね！」と言われました。

すでにみんながプリクラ帳を見せ合い、楽しそうな雰囲気になっているのを見て、「やばい！」と思いあわててプリクラを撮りに行きました。急だったし、小学校の時の仲よしの友人とは学校が離れてしまったので、ひとりで。

そして、プリクラ帳を持ってないけど、なにか代わりになるものはないか？と、あわてて家中を探しました。おばあちゃんが和紙を貼って作ってくれた小さいノートを見つけ、急いで撮ったプリクラを貼り、翌日学校に持っていきました。

「プリクラ帳、持ってきたよ！」と、見せたときにまわりの空気が一変しました。わたしは凍りつきました。

「えっ、なに？　ひとりプリクラだし変なノート。おばあちゃんの？　なにそれおかしくない？　キモい……」

あっ、間違えてしまった、やらかしてしまった、と背筋が冷たくなった瞬間を覚えています。

ちょっと空気が読めなかったり、ちょっと変わっていたり、ちょっと変だったり。

それは、個性としてではなく、キモい、とカウントされてしまうのです。

たとえば、自分があまり知らない話題で盛り上がっているとします。それでもうまく話に乗っかって立ち回れないと、たちまち輪からはずされてしまいます。

わたしはそれが下手でした。恋愛の話やアイドルの話にうまくついていくことができませんでした。相手の好みに合わせてうまく振る舞うことができなかったのです。わからない話題を振られてアワアワとしてしまうことが何度もありました。

気づけば、となりの席の目立つ子はたちまちクラスのボスグループに。そして、最初からしくじったわたしは挽回するチャンスも見つけられずに、あきらかに立ち位置が最下層になっていきました。

わたしは幼い頃から、漫画やアニメ、ゲームが大好きでした。母が働いていたので、ひとりの時間をその好きなことに使っていました。夢中で絵を描く時間が好きでした。時間を忘れて明け方になってしまうこともたびたびありました。でもそれは自分にとっては普通のことで、それが変わったことだと思っていなかったのです。

小学校の時はそんなわたしをみんなが受け入れてくれていたので、中学になるまでそれが変わったことだという認識はまったくありませんでした。

でも、中学のそのクラスでは、自分の机でひとり絵を描いているわたしは、キモい存在として冷ややかな視線を浴びることになりました。

「あいつ絵ばっかり描いててオタクじゃね？　キモいんだけど」とボスグループの子たちから陰口を言われるようになるのに、そう時間はかかりませんでした。

「オタク」。いまでこそ、この言葉は一般的になりましたが、当時、「オタク」であることはすなわち「キモい」ことだったのです。

クラスではボスグループが「絶対」で、ボスが「キモい」と言ったことで、わたしは完全に「キモい子」というレッテルを貼られました。それまで普通に話していた子たちも、だんだんわたしから距離を置くようになっていきました。

もしかして、わたし、いじめられてる……？

いやいや、思い描いてた憧れの中学生活とはかけ離れてる、こんなの違う、

わたしがこんなふうになるなんて嫌だ！

わたしはまわりからどう見えてるんだろう？

恥ずかしい！

不安と恐怖がぐるぐる頭と心を支配するようになりだしたのです。

自分の好きなことを否定された修学旅行

中学二年の秋の修学旅行での出来事はいまでも鮮明に覚えています。

宿泊先の部屋で、わたしは同じように絵を描くのが好きな子と、大好きな漫画の絵を描いていました。ルーズリーフに好きなキャラを描いた絵を交換するのがその頃のオタクグループのトレンドで、ワクワクする大事なことでした。

すると突然、ガッとふすまが開いて、ボスグループのひとりがいきなり吐き捨てるようにこう言ったのです。

「絵なんて描いてんじゃねえよ！　キモいんだよ！」

彼女はそれだけ言うとピシャッと乱暴にふすまを閉めて出ていきました。

世界が真っ暗になりました。

「なんで？　ただ絵を描くのが好きで、静かに楽しんでいるだけなのに……」

自分の好きなことをいきなり否定されて、わたしはわけもわからず混乱していました。

「誰にも迷惑かけてないのに。なんでそんなことを言われなきゃいけないの⁉」

でもその気持ちは誰にもぶつけることができませんでした。そしてだんだん悲しくなってきました。

静まり返った部屋で、その子と静かに絵をカバンにしまい、黙って過ごす悲しい時間になりました。

そんなふうに言われるくらいなら、いっそのこと絵を描くのをやめてしまおうかとも思いました。だけど、やっぱり納得がいかない。

大好きなことをやめてしまったら、「わたし」は「わたし」でなくなってしまいます。

わたしは、人に見られないように家でこっそり絵を描きました。

学校ではわたしが好きなことをしているのを見られると、キモいと思われる。

学校に行くのがとても苦痛になった時期でした。

誰からも話しかけてもらえない苦しみ

あいつキモい。あいつおかしい。

ボスグループからの悪口、陰口は、日々、どんどんエスカレートしていきました。わたしと仲よく話している子にまで無言の圧力をかけるようになったの

です。

ついには、休み時間に一緒に過ごす友だちがいなくなってしまいました。

わたしは、クラスの中でひとり孤立してしまいました。わたしが透明な存在で、まるで見えていないかのように。

ボスグループに加入したばかりの、あまり話したことがない子が、休み時間にわたしの隣にどかっと座って、「大っ嫌い！」と大きな声で言いました。それはあきらかに、隣にいたわたしに対して言っていました。

それでも泣いたら負けだし、そもそもなんでこの子にこんなこと言われなきゃいけないの？　そんな筋合いないし、わたしだってあんたが嫌いだよ!!

頭の中ではそう言い返したくても実際には、聞こえていないふりをして机に突っ伏して休み時間をやり過ごすことしかできませんでした。胸が締めつけられるように悲しくて、悔しくて、痛かった。

教室では、それぞれのグループが楽しそうに笑い合っています。

だけど、ひとりぼっちで机に伏せたわたしの心には黒い気持ちがざわざわと広がっていきました。

また、わたしの悪口言ってるんだろう、どうせ。

こっちを見るな、おまえらなんか消えてしまえ！ と、頭の中で悪態をつく非生産的な時間。みんなの会話が全部わたしの悪口を言っているように感じられる。みんなの視線が怖い。今日一日が長い。明日が怖い。

わたしは、どうしたらよかったんだろう。あの瞬間にこう言っていれば今頃はもっと上の階層にいられたかもしれない、などと、不毛な妄想が頭の中を巡っていました。

今日も、明日も、そして明後日も。

わたしは絶望的な気分になり、学校に行くのが怖くなっていました。授業中、誰かが手紙を回しているのを目にしただけで、「わたしの悪口を書いているに違いない」と考えてしまい、勉強に集中できません。

たった十分間の休み時間でさえ「早く始業のベルが鳴らないかな」といつもトイレに隠れたり、廊下のロッカーの教科書を入れ替えて忙しいフリをしたり。でもそれがフリなことも、ぼっちで恥ずかしいと思っていることも、全部きっとバレている。それがまたとてもみじめでした。

授業が終わるとすぐに逃げ出すように帰宅します。そのまま自分の部屋に駆けこんで、ようやくほっと一息つきます。そこはわたしだけの空間だから。

自由に絵を描いたり、好きなだけゲームをしたり、漫画や本を読んだり、音楽を聴いたり歌ったり。

猫と一緒に趣味に集中する時間だけは、少し心がやわらかくなれました。なにかに無理矢理にでも没頭していないと、その日学校で言われたことや、いままで言われた嫌なことが、ぐるぐるずっとフラッシュバックしてしまう。

祖母に買ってもらったパソコンもわたしの心を救ってくれました。当時はま

だスマホはなく、インターネットがやっと広まり始めた時期でした。

深夜にチャットで知らない人と雑談したり。

学校で言うとキモいと言われるだろうから、と隠れてハマっていたアニメや特撮、ゲームについて調べてみると、びっくりするくらい偏った趣味の人や、思いっきり濃いマニアックなホームページを作っている人もたくさんいることに気がつきました。

インターネットを通じて、学校の外にはこんなにもわたしと同じことが好きな人たちがいるんだと知ることができて、夜の自由なネットサーフィンが大好きになりました。

わたしはひとりじゃないんだ、外の世界は自由で無限に広がってるんだ。

やっと、息が吸えた気がしました。

久々に、夢中になれる時間が見つかりました。

好きなことに没頭していられる時間、夜中から明け方までが、学校での嫌なことを忘れられる唯一の時間でした。ときには、窓から朝陽が差し込んでいた

こともありました。その光でわたしはハッと気がつくのです。

ああ、またあの恐ろしい学校に行かなきゃならないんだ。

いつまでこんな嫌な時間が続くんだろう。

このままずっと夜が明けなければいいのに、と。

「あいつ、ゲロマシーンじゃね？」

それでもわたしは毎日、学校には行っていました。母や祖母には心配をかけたくないというか、いじめられていると自分で認めたくなかったし、まわりにそう思われたくなかったし、知られることが恥ずかしかったから。

けれど身体は正直で、学校ではしょっちゅう気分が悪くなってしまうのです。

いつも誰かに見られて笑われているような、悪口を言われているような気持

ちが続きます。

そんな気持ちで常に悩んでいるうちに、胃の不調が現れるようになりました。気持ち悪くなって、吐いてしまう。慌ててトイレに駆け込みます。

するとこんな会話が聞こえてきます。

「ウケる！ まじキモ！ あいつまた吐くんじゃね？」

ある日、気分が悪くなって保健室で横になり休ませてもらっていました。放課後になり、もう帰らなきゃならない時間だと先生に言われても、気持ち悪くて立って歩けない状態でした。仕方なく先生がわたしを車椅子に乗せてくれて、先生に押されて帰宅することになりました。

大きな道路にさしかかったときに、気持ちが悪くなり、抱えていたエチケット袋にまた吐いてしまいました。

道路の反対側には、偶然、いつもわたしの悪口を言うボスグループがいました。車椅子に乗ったまま吐いているときに、よりによって目が合ってしまいました。グループの子たちは、道路の向こう側でわたしを指差してゲラゲラ大爆

笑しています。

はやく逃げ去りたかったけど、吐き気がおさまらず、車椅子だから自分の意思で走ることもできない。地獄でした。

翌朝、登校するとこんな声が聞こえてきました。

「あいつ、ゲロマシーンじゃね?」

「ゲロマシーン」……あっさり名づけられた最低な呼び名にグサリと抉られたわたしの心は、もうぼろぼろのカスのようになっていました。

なんならこのまま消えてしまいたい、とさえ思いました。

地獄のランチタイム

お昼の時間はとても苦痛でした。

わたしの通っていた中学にはカフェテリアがあって、給食が美味しいと評判

でした。デザートもついて、カロリー計算までされている、新聞が取材にくることまであるランチです。

それが大きな理由で、わたしはこの学校に入ったのでした。

でも、まさかそのカフェテリアが地獄になってしまうとは。

カフェテリアでは人間関係や立ち位置、スクールカーストが誰からも一目瞭然です。

誰とどんなふうに過ごしているかで、あの子はあのグループなんだ、とか、最近あの子と一緒にいないな、とか、どのくらいの位置にいるのかがすぐわかってしまいます。そんな中でぼっちでランチを食べることは、最高に恥ずかしいことでした。

みんなが楽しくおしゃべりしている中、わたしは一人で黙ってトレーを持って座る場所を探します。ぽつんと空いている席を見つけると、誰とも目が合わないように、伏し目がちに座ります。

「あいつ、またぼっちかよ」

みんなの視線がわたしにはそう聞こえます。

近くでゲラゲラ笑っている子がいると、またわたしの悪口を言ってるに違い

ない、と思えてしまいます。

美味しいはずのランチも、視線が気になって味わうどころじゃなかったです。

いかに存在感を消してこの時間をやり過ごすか、早く立ち去るか。

なるべく目立たないようにさっさと食事を終えて、教室の自分の机で突っ伏

したり、屋上や人気のない場所に隠れたりして、なんとか時間をやり過ごして

いました。

入学するまでは中学生になったら、漫画のようなキラキラした学校生活を送

れるとイメージしていました。眩しい漫画のキャラクターには十四歳くらいの

子がいっぱい出てきます。友情とか青春とか部活とか……。

でもわたしの理想の中学生活はほんの小さなミスから始まって、音を立てて

崩れ落ちていきました。

もはや修復不可能な、立ち位置。

想像すらしなかった、残念すぎる認めたくない情けない自分。みじめです。

ただ一方で、こんな淡い期待も持っていました。

いまのクラスではこんな状態だけど、二年生、三年生になってクラスが替われば状況が変わるかもしれない、と。

しかし、毎日がとても長く感じます。

学校生活は、悩んでぐるぐるしてばかりの、果てしなく長い終わらない迷路のようでした。

三年生の後半、わたしの悪口を言っていたボスグループの内輪で、ハブりハブられ、が始まりました。声が大きくて、わたしが絵を描いているのを「キモい！」と言った子が、あるときカフェテリアでひとりで食べるようになりだしたのです。

昨日まで頂点にいたはずなのに、自分たちのグループのなかで、結局、ハブられてるじゃないか、自業自得だ、と思いました。

やがて、そのグループの行動が派手になりだして、校則違反で何人も退学になりました。

私立だったので、学校が厳しく対処したのです。これでわたしの学校生活が変わるかもしれない。わたしは、自分の人生を後悔することだけはしたくない、と思いました。

しかしその後、ささいな行き違いが重なって、今度は他のグループの子と関係が悪化してしまうことになりました――わたしの悩む日々がまた始まったのです。

大人の裏切り、ローファー事件

ある日、帰宅しようとしたら、わたしの靴箱が不自然にへこんでいました。

それは明らかに誰かが殴るか蹴るかして作ったへこみでした。

ずらりと靴箱が並ぶ毎日の当たり前の光景のなかで、わたしの靴箱だけがへこんでいる。へこんだ場所が異質な空気を放ち、まるでわたし自身が殴られたような嫌な気持ちがしました。

しばらくは我慢して、なにも起きていないかのように、靴箱をそのまま使っていました。でも見るたびにわたしの心は暗くなりました。

あるとき、わたしが靴をしまおうとしていると、犯人らしき子が、わざとわたしに聞こえるようにこちらを見てクスクス笑いしながら話していました。

わたしは怒りで、カッとなりました。

泣き寝入りは嫌だ、負けたらばかばかしいと、誰も見ていない時間にその子の靴箱に行き、同じようにへこませました。いま思えば報復は最低のやり方です。

案の定、翌日、わたしの靴箱は、見るも無残にもっとベコベコにへこまされていたのです。

それからもわたしは毎日、ベコベコの靴箱を使わなければなりませんでした。数少ない友だちにそれを見られるのが、とてつもなく恥ずかしかった。ベコベコの靴箱と同じようにわたしの心も壊れていきました。

そして。ついに事件は起きました。

帰宅しようと靴箱をあけると、なんとわたしの靴がなかったのです。

それまでは、いじめ、という領域に自分が迷い込むなんて認めたくなかった。だけど、「いじめの例」としてよく、靴を隠されたりする、と聞いたことが

ありました。

まさかそんなベタな、露骨な目に自分があうなんて。

認めたくなかった。

だけど、靴がなくなった。

ものすごい精神的ダメージを受けました。

上履きのまま、ゴミ箱やまわりをあちこち探してみたけど、見つかりません。

呆然として、途方にくれました。

泣きたくない。泣くのだけはだめだ。

泣いたら負けだ。

先生に言うのも負けだし恥ずかしい。

パニックになりながらも、

この自分の中の許せない一線を越えたくなかった。

だけど、靴がないと帰れない。

先生に言うしか、もう道がない。

それまで、悩んでいることは一度も先生に相談したことがありませんでした。大事にしたくなかったし、そんなことに負けたくなかったから。

職員室を訪ねて先生に事情を話しました。靴箱がへこまされた。靴がなくなった。あきらかに誰がやったかわかってるのに、こんなのひどいです。そう説明しているうちに、悔しさと悲しさで、涙が出てしまいました。それまで、ずっと強がって、泣いたりしなかったけど、涙はダムが決壊したみたいにあふれてきます。

すると、その先生は靴が盗まれるまでのいきさつを聞いてくれました。

そして最後には「じゃあこれを履いて帰りなさい」と、制靴の新品のローファーを手渡してくれたのです。

「こんなことならもっと早く相談すればよかった。自分のことをわかってくれる先生もいるんだ」

「面倒くさがることなくちゃんと対応してくれたことがとても嬉しかった。

「わかってくれた……」

わたしは先生から渡されたぴかぴかのローファーを履いて、無事に帰宅しました。

これをきっかけに、先生が犯人のグループに注意したり、叱ったりしてくれるかもしれない。そうすれば、この苦しい時間もなくなるかも……。

ところが、それからしばらくして、その先生に職員室に呼び出されました。

そしてその先生から信じられない言葉が飛び出したのです。

「中川、こないだのローファー代、早く払ってくれないかな」

「は⁉」

わたしは意味が理解できませんでした。

「わたしは靴を盗まれた被害者なんですよ。なんで代金を払わなくちゃいけないんですか？　盗んだ犯人が払うべきじゃないですか！」

すると先生はこう答えたのです。

「そうかもしれないけど、ローファーは学校のものだから、お金を払ってもらわないと困るんだよね……」

言葉も出ませんでした。

もう、ダメだ。

心が音を立てて砕け散りました。

先生が気にしていたのは靴が盗まれたことではなく、靴の経費だったんだ

……。

先生はわたしの靴が盗まれるまでのいきさつを聞いて、誰がやったのかも、

か、見て見ぬふりをしたのです。

いじめがあったのも知っているはずなのに、それを解決しようとしないばかり

みんな嫌い、大嫌い。

もう大人も信用できない。

もう、ダメだ

いじめられていることを大人に知られたら負けだ、と思って誰にも相談でき

ずに、ひとりで耐えてきたわたしにとって、この先生の言葉は、ギリギリで保

ってきた張りつめた心を壊す「とどめの一撃」でした。

一度は信頼しかけた先生だっただけに、そのダメージが大きすぎました。

あの先生の言動は、大人になったいま考えても、最悪だったと思います。先

生にあれだけは言ってほしくなかった。

いちばんわたしがやりたくなかったことは、人前で泣いたり、いじめに屈し

て学校を休んだりすることでした。

でも、卒業まであとわずかという時期に、これがきっかけで、わたしは一切（いっさい）学校に行かなくなってしまいました。

そして、行かないと決めたらもう、卒業式も行かなかった……。

卒業式にも行かなかった、ということは苦（にが）い記憶（きおく）としてわたしの心にずっと残ってしまいました。

母との大ゲンカ

わたしは母と祖母の三人で暮（く）らしていました。

祖母はとても元気な人で、わたしが小学校のときに、男子からへんなあだ名をつけられて泣いて帰ると、学校に乗り込んでいってその子に謝（あやま）らせてしまうような強い人でした。

祖母に心配をかけたくなかったし、いじめにあっていることを打ち明けたことはありませんでした。

わたしは小学三年生のときに父を白血病で亡くしています。母は、休まずに夜通し働いていつも家にいるときは疲れて休んでいました。わたしが通っていた中学は、母や親戚も通っていた学校でした。

母からはよく、中学が楽しかったという思い出話を聞かされていたし、母とは親友のような関係性で楽しく暮らしていたので、いじめられているのを知られるのが恥ずかしくて言えませんでした。

母が楽しんで過ごした場所なのに、わたしがその学校でうまくやれず、こんな立ち位置なんて。まるでいじめられている自分は欠陥品のようだと思いました。

だから、それまではどんなに嫌でも毎朝、登校していました。

しかし、あのローファー事件が起こって、わたしはとうとう母に言ったので

「もう学校に行きたくない……」

母にこんなことを言わなければならないことが悔しかった。でもわたしの中で強がって張りつめていた細い糸は切れてしまったのです。母はわたしが学校に行きたくないと言ったことに驚いていました。

母は当然のようにこう言いました。

「中学は義務教育なんだし、卒業まであと少しなんだから、行かなきゃダメでしょ！　義務教育だけは行かないと、ダメ人間になるぞ！　行きなさい！」

でも、もう真っ暗闇になったわたしの心にはなにも入ってきませんでした。わたしは自分の部屋に鍵をかけてこもりました。あんな学校になんか絶対に行ってやるもんか、そう思っていました。

母がドアをたたいて言いました。

「どうしたの？　なにがあったの？」

わたしはそれも言いたくなかった。ただ「学校に行かない」の一点張りでした。

最初は諭してくれていた母も、だんだん怒り出して、ついには大ゲンカになりました。

「ヤダよ！」

「行け！」

「ヤダ！」

「行け！」

ドア越しの怒鳴り合いが続き、ついには母がドアを壊して部屋に入ってきました。わたしたちは揉み合いになり、母はわたしに馬乗りになりました。

それでも、わたしは譲りませんでした。

「もう無理。学校に行く意味がわからない」

思春期のエネルギーが爆発したようにわたしは何もかもが嫌になって、心が

壊れて自分の気持ちをコントロールすることができなくなっていたのです。わたしは誰にも心を開くことができなくなっていました。

夫を失い、忙しく働かなければならない日々の中で、娘が不登校になる。もしいま娘がそうなったらこれからの未来が大変なことになる、と思ったから母は強い態度を示したのでしょう。

だけど殻にこもったわたしは、どんな言葉も聞き入れられなくなっていました。

部屋に閉じ込もり、心のシャッターをおろしたまま、塞ぎ込むだけの時間を消費して、中学生活が終わりを迎えました。

第二章

いまの時代のいじめについて 〈インタビュー〉

みゆうさん　　ちはるさん

たくさん悩んだ先に、今は自分だけの
夢を見つけた2人の瞳と言葉には
力強い光が宿っていました。

今回、あらためていじめの問題に向き合おうとしたときに、わたしにはどうしても知っておきたいことがありました。

それは、「いまの子どもたちは、どんないじめにあっているのか」ということです。

わたしがいじめを受けていたのは、今から二十年ほど前のことです。その頃は、まだスマホもSNSもありませんでした。

もしかすると、いまはいじめのかたちや学校の仕組みも、わたしの時代とは変わっているのかもしれない。だから、いまのリアルないじめをまず知って、そこから考えたいと思いました。

そこで、わたしは、つい数年前までいじめにあっていた十代の女性二人にお話を聞かせてもらうことにしました。

いじめの体験を思い出して語るのは、とてもつらかったと思います。勇気を持って話してくれたお二人に心から感謝しています。

まずは大人に変わってもらいたい

みゆうさん（十九歳）

二〇〇〇年生まれ。小学校、中学校を通していじめられ続けて不登校に。親が先生に相談しても、学校側に「いじめはなかった」と回答され、そこから大人への不信感を抱えたまま過ごすことになった。二〇一九年春に高校を卒業した。

つらかったバイ菌扱い

中川　みゆうさんがいじめられていると初めて感じたのはいつでしたか。

みゆう　小学校一年のときです。それから中学三年まで、程度の差

中川　えっ、そんなに長い間。どんないじめだったの？

みゆう　あからさまな悪口や陰口が絶えませんでした。自分では何を言われても気にしないようにしていたんですけど、中学一年のときに我慢できないくらい苦しくなって、ついに不登校になりました。

中川　不登校になるきっかけは何かあったんですか。

みゆう　体育祭の練習で、ある一人の子から「こっちに来ないで」ってバイ菌扱いをされたんです。そうしたら、それを見ていたクラスのみんなからも一斉に「バイ菌」呼ばわりされて、避けられるようになってしまって。

中川　影響力のある子が誰かの悪口を言いだすと、クラス全体に伝染するから怖いよね。

みゆう　それまでよく話をしていて、仲がいいと思っていた男子にまで陰口を言われていたのはショックでした。もう誰が味方で、誰が敵かもわからなくなってしまって。

はありましたが、ずっといじめられていました。

中川　それってすごくつらいよね。

みゆう　わたしは集団行動が苦手で、少人数で遊ぶのが好きだったので、「集団になじめないのは自分の性格のせいなのかな」って、悩んでしまって。

中川　自分を責めちゃったんだね。

大人への不信感

みゆう　それで、学校に行くのが嫌になって親に相談したら、父が抗議しに行ってくれました。学校では定期的に「校内アンケート」があって、「みゆうちゃんが陰でいじめられているからやめさせてほしい」と書いてくれた子もいたそうです。それなのに、学校も先生も、子ども同士の遊びとしか認識してくれなかった。父が聞かされたのは「いじめはない」という結論でした。

中川　なんでそうなるんだ！

みゆう　「いじめがある」と書いてくれた子は、いじめをやめさせるために勇気を持って書いてくれたと思うんです。それなのに、学校側は見て見ぬふりで、アンケートの結果は隠蔽されてしまった。

中川　許せない！　なんのためのアンケートなの！　それを知ったときは悔しかったでしょう。

みゆう　大人ってそうやって都合の悪いことは隠すんだ、ってすごくショックを受けました。誰も信じられなくなって、それから学校に行かなくなったんです。

中川　その気持ち、すごくよくわかるよ。大人を絶対に許せなくなるんだよね。そんなときに味方になってくれるクラスメイトはいたのかな？

みゆう　不登校になってからも、毎日連絡をとってくれる子が一人だけいました。でもその子も不登校になって、転校してしまいました。

中川　その子は自分がつらかったからこそ、他人の痛みもわかった

んだろうね。

みゆう　はい。ほんとうに嬉しかったです。

中川　不登校になったときに、ご両親はどんな反応でしたか。

みゆう　「つらかったらとりあえず学校に行かなくてもいいよ」と言ってくれました。でもその言葉をそのまま受けとめられなくて複雑な気持ちでした。父は自分の職場に一緒に連れていってくれたりもしていたんです。わたしを励まそうとしているのがわかるだけに、「甘えているだけなのかな」って後ろめたい気持ちにもなってきて。

中川　えらいなぁ。学校でそんなに嫌な思いをしているのに、それでも「本当は行かなきゃいけないんじゃないか」って思えるなんて。

みゆう　でも不登校になってからは、家にいてもついネガティブなことばかり考えてましたよ。「わたしはもう誰にも必要とされていないんじゃないか」って。苦しくて仕方なかったです。それで、どんどん追いつめられて、衝動的にリストカットしてしまったんです。そういうときって、誰に何を言われてもまったく耳に入ってこなく

て。もう全部シャットアウトしてました。

中川　わたしもそうだったな。死ななくてほんとうによかった。そんな苦しいときに、なにか救いになるものはあったの？

みゆう　嵐の櫻井翔　君の大ファンなので、つらくなるといつも嵐の曲を聴いてました。『とまどいながら』っていう曲の前向きな歌詞が心に刺さって、勇気づけられるんです。嵐には救われまくって……。ちょっと恥ずかしいんですけど（笑）。

中川　全然恥ずかしくないよ！　やっぱり音楽って偉大だなぁ。心がボロボロになると、音楽や言葉が急に輝いて聴こえるときがある。わたしも大好きなささきいさおさんの曲に励まされてた。「ちっぽけな幸せに妥協していないか」みたいなお説教のような歌詞がしみたなぁ。

ＳＮＳによるいじめ

中川　SNSやスマホを使ったいじめもあるんでしょう。

みゆう　高校一年のときに、クラスメイトとのLINEグループの中でのやりとりで、「こいつ退会させたい」みたいなことを書き込まれたことがあります。

中川　えっ、本人も見て、既読になっているのに!?

みゆう　「あいつうざいから退会させてよ」「だったらお前が退会させれば?」みたいなやりとりでした。

中川　それってすごく傷つくよね。直接言うんじゃなくて、グループのみんなが読んでいるのを前提でやるなんてひどすぎる。わたしだったら耐えられないな。いまは、そういういじめが当たり前なのかな。

みゆう　妹も中学一年のときに同じようにLINEグループでいじめにあってました。「こいつうざいからいじめようよ」ってある一人が書き込んだら、「よし、じゃあいじめるか」みたいな軽いノリで、一斉にいじめが始まったんです。グループの中で、誰も止めよ

うとしないのが信じられません。

中川　悪ふざけとかノリでいじめが始まるなんて人の心を軽く見すぎだよ。LINEはサッと書いてポンと送るだけだから、面と向かって言うより相手を傷つけているという感覚が薄いのかな。ハードルが低いというか。

みゆう　たしかにハードルは低いですね。それに、LINEの中でのいじめは見えないから、先生や親も気がつかないんです。

中川　じゃあ、もう言いたい放題ってことなの？

みゆう　ただ、いじめている側がLINEの画面をスクショ（スクリーンショット＝スクリーンの画面を写真に収めること）されて、ツイッターにさらされることもあるんです。

中川　それって、どういうこと？

みゆう　LINEでのやりとりの画面を写真に撮って、それをいじめの証拠としてツイッターやインスタグラムに上げるんです。一度SNSに上がってしまったら、拡散されるから、いじめていた側

がこんどは逆にいじめの対象になることもあるんです。

中川　うわぁ……、SNSでのいじめはそんな複雑なことになってるんだ。

死んだらリセットはできない

中川　みゆうさんは、いまいじめられている子たちに、なんて声をかけてあげたいですか。

みゆう　うーん……。誤解されると困るんですけど、「わたしの場合は苦しむしかなかった」かな。

中川　えっ、それってどういうこと？

みゆう　わたしは学校にいても、不登校で家にいても、苦しみから解放されることは一度もなかったんです。だから、苦しいのを自分で認めちゃって、とことん苦しみながらなにかを見つけていくしかなかった。

中川　でもみゆうさんは自殺も考えるくらいつらかったんでしょう。「苦しむしかない」とは言っても「死ぬしかない」という意味ではないんだよね。

みゆう　はい。わたしにとって、「苦しむ」は「生きる」ってことなんです。生きるって、すごく苦しいことだから。自殺未遂をしたわたしが、いまだからこそ思うのは、死んだら人生はそこで終わってしまうということ。ゲームみたいにリセットもセーブもできない。だから絶対に死ぬという選択はしたくない。だって、いま「苦しい、苦しい」と思っていても、必ずマイナスがプラスになる瞬間がくるから。

中川　それは裏を返せば、苦しんだからこそ出会える素敵なものがあるっていうことだよね。

みゆう　はい。不登校で家にこもっているときに、ネットがあったおかげで多くの大切な友人とも出会えました。

中川　わたしもそうだったな。ネットで外の世界とつながっている

と、「自分を必要としてくれる世界はあるんだ」って前向きになれた。

みゆう　苦しいなかでも見つけられる幸せは必ずありますよね。

中川　わたしが自分の夢に向かって歩むことができたのはその幸せのおかげだな。みゆうさんのいまの夢は何ですか？

みゆう　声優になることです。オーディションに落ちて、一度は挫折しかけたんですけど、夢をあきらめきれない。自信はないですけど、チャレンジし続けようと思ってます。

中川　いっぱい悩んで苦しんだからこそ、同じような経験をしている子にパワーを与えられる存在になるよ。ぜひ夢を実現してください！

みゆう　がんばります。もし中学一年のときに死んでいたら、声優という夢を見つけることも、こんなふうに中川さんに会うこともできませんでした。今日はわたしの話を聞いてくださって、ありがとうございます。生きていてほんとうによかった！

大人の責任は重い

中川　こちらこそ、生きていてくれてありがとうだよ。

中川　最後になりますけど、みゆうさんはいじめはなくせると思いますか。

みゆう　正直に言って、無理だと思います。

中川　えっ……（絶句）。

みゆう　もしいじめがなくせるんだったら、もうなくなっているはずです。毎年、夏休みが明ける前後は子どもの自殺がいまでも多いじゃないですか。なくせるなら、そんなことにはなっていないはずですよね。

中川　たしかにそうだね。だからこそ、なんとかいじめがなくなってほしいと思うけど。

みゆう　いじめがあっても先生や学校がそれを認めないし、わかっ

ていても隠そうとする。だから、どれだけいじめが多くても、世の中に知られないし、なかったことにされてしまう。まずは大人に変わってもらいたいです。

中川　わたしも含めて、大人の責任は重いですよね。みゆうさんの言葉をしっかり受けとめたい。

みゆう　すぐにいじめをなくすのは無理でも、「自殺防止教室」みたいなのをやったら減っていくんじゃないかな。いじめを経験したわたしたちが、先生や文部科学省のお役人さんたちに話をするのはどうだろう。そういうことも、いじめをなくす道に繋がるかもしれないと思います。

中川　目の前のできることから取り組んでいくのは、すごく大切なことですよね。

「逃げ道」ではなく「違う道」

ちはるさん（十八歳）

二〇〇〇年生まれ。幼いころから周囲にとけこもうと「いじめられないキャラ」を演じるように。私立中学を目指したのをきっかけにいじめが表面化。小学校高学年から不登校になる。二〇一九年の春、通信制の高校を卒業して大学に進学。現在は法学部で政治を学ぶ一方、ウェブサイトを運営し、生きづらさを抱える同世代の声を発信している。

キャラを演じる

中川　ちはるさんがいじめを意識したのはいつ頃だったんですか。

ちはる　幼稚園で悪口を言われたり、仲間はずれにされることが多

かったんです。なんでいじめられるんだろうって、その頃からいつもひとりで考えていました。　何をされても文句を言わない内気な性格だからかなって。

中川　その歳で自分の性格を冷静に分析できるのはすごいなぁ。わたしなんて何も考えずに無邪気にはしゃいでましたよ。

ちはる　「いじめられキャラ」だってすでに自覚してました。小学校に入学してからもいじめられたので、もうキャラを演じるようにしようと考えたんです。

中川　キャラを演じるって、どういうこと？

ちはる　明るくて面白い女の子はクラスの中でも人気があっていじめられない。そういう「いじめられないキャラ」の傾向を研究して、自分もなるべくそのキャラに寄せていったんです。一番にはなれないけど、二番手、三番手ぐらいだったら入る余地があるかもしれない。そうすればいじめられずに済む、その一心でした。

中川　すごい分析力！　演じなくてはならないくらい、いじめがつ

らかったんだね。

ちはる　はい。とにかく「いじめられキャラ」から抜け出したかった。でも、本当の自分と演じているキャラのギャップが大きすぎて、今度はそれがつらくなりました。理想のキャラでいるためには、いつも自分を抑制しなくちゃいけないでしょう。

中川　「本当の自分」と「キャラ」の間を行ったり来たりしていたんだね。

ちはる　相手や場所に合わせて、演じ分けようとしてました。家、学校、塾、英語教室……。場所によってキャラを変えなきゃいけない。

中川　誰でも相手や場所によって、多少はキャラが変わるものだけど、そこまで極端に変えていると疲れちゃうよね。

ちはる　もう疲れ果てて、どれが本当の自分なのかわからなくなっていました。

中川　それもこれも、すべていじめから自分の身を守るためだった

中学受験でいじめが激化

ちはる　もう必死でした。

ちはる　キャラを演じるようになってからも、いじめは止みません
でした。環境を変えたくて、小学校五年のときに塾に入って私立中
学を目指すことにしたんです。そうしたら、それまでいちばん仲が
よかった子から無視されるようになりました。デマまで流されるよ
うになって。

中川　それはどんなデマだったの？

ちはる　わたしがテストでカンニングをしているとか、頭が悪いく
せに偏差値の高い有名私立中学を受験しようとしているとか。

中川　その子はちはるさんが中学受験をすると知って、裏切られた
と思ったのかもしれない。仲良しで好きだったからこそ、寂しかっ

んだね。

たんでしょうね。

ちはる　そうですね。でも、その子は人気者で影響力が大きかったので、その後はクラスのみんなのわたしに対するいじめが一気に激化したんです。小学校六年のときには、クラスの全員から無視されてました。仲のよかった友だちだっただけにショックが大きくて、それから学校を休みがちになりました。

先生が信じるのは不登校の子より優等生

中川　いじめを受けていることを先生には相談したんですか。

ちはる　はい。でも、その子が学級委員をやるような優等生だったので、わたしの話はまったく信用してもらえませんでした。

中川　優等生と不登校の子だったら、優等生を信じるというわけか。

ちはる　そうなんです。いじめられているわたしのほうが何度も校長室に呼び出されて、「あなたは嘘をついているから、相手の子に

中川　それは怖すぎる！

校に連れていこうとしたこともあります。

点張り。共働きの両親が家にいないときにやって来て、無理やり学

それで、ほっといてくれればいいのに、とにかく学校に行こうの一

ちはる　わたしが否定も反論もせずに口を閉ざしてしまったので、

「この子は嘘をついたことを認めたんだ」と判断したみたいです。

中川　えっ！　ありえない！

しないから、学校に行きましょう」って言うんです。

が毎日のように家に来て、「あなたが嘘を言ったのをもう責めたり

て、本格的に不登校になったんです。そうしたら、校長先生や担任

ちはる　いじめもつらかったけど、先生や学校の対応に嫌気がさし

がらせだ！

中川　それはひどい！　なんでそんなことするんだろう。まるで嫌

さい」っていきなり校内放送で呼び出されたこともありました。

謝りなさい」って一方的に指導されました。「校長室まで来てくだ

ちはる あまりにも対応がひどかったので、親が文部科学省が出しているいじめのガイドラインに照らして、いじめの事実があったということを書類にして学校に提出したんです。そこから話し合いをするはずでしたが、学校が怖くてわたしはもう行けなくなっていました。そうしたら、わたしが不在のままクラスのみんなで話し合って、「いじめはなかった」という結論にされてしまったんです。

中川 どうして、そんな欠席裁判みたいなことが平気でできるんだろう。どう考えても、いじめや不登校をなくそうとしているとは思えないですよね。

ちはる いじめのガイドラインにも「いじめというのは、被害者がいじめだと思ったら、それはいじめになります」と明記されているんです。先生たちにもちゃんと読んでもらいたいです。

中川 ガイドラインでも被害者が主体になっていますよね。それなのに、なんで先生はいじめられた側に寄り添おうとしないんだろう。それからは先生も学校も怖くなってしまって、ほとんど通

えませんでした。結局、受験にも失敗して環境を変えることができず、地元の中学校に入学しましたが、一学期だけ行って、あとは不登校になりました。

中川　中学でもいじめられたの？

ちはる　小学校でわたしをいじめていた子たちも同じ中学だったので、状況はなにも変わらなかったです。登校したときには、あいかわらず無視されて、陰口をたたかれてました。中学の三年間はずっとそんな感じです。中学の先生もまったくいじめに気づく気配はありませんでした。もう先生にはなにも期待してなかったですけど。

学校というシステムへの恐怖心

中川　高校はどうしたの？

ちはる　英語が好きだったので、猛勉強して国際科のある公立高校に入学しました。でも小中時代の学校への恐怖心や先生への不信感

がトラウマになっていて、どうしても通うことができませんでした。

中川　環境が変わって、新しい先生になっても、学校というシステムへの恐怖心がもう拭えなかったんだね。

ちはる　先生もクラスメイトもみんな優しいのに、それでも怖くなってしまうんです。さらに、怖いと思ってしまう自分自身に嫌悪感を持ってしまって。せっかく環境が変わってやり直せると思っていたのに、入学して二週間くらいしたら、今度は声が出なくなってしまったんです。

中川　精神的に追い詰められてしまったんだ。

ちはる　はい。そのときから、死を考えるようになりました。電車通学のホームで、いまこのタイミングで落ちたら死ねるな、とかそんなことばかり考えてしまって。

中川　わたしにも同じような経験があります。

ちはる　でも、わたしはすごく怖がりなので、死のうとしても、リストカットしようとしても、怖くてできないんです。死のうとしても、なにもできな

い自分がまた嫌になってしまう。その繰り返しでした。学校に行け
ずに引きこもっていたんですけど、いまの学校にこのままいたらほ
んとうに死んでしまうかもしれないと思って、悩んだ末に六月に通
信制の高校への転校を決意しました。

中川　よく決意できましたね。周囲の反応はどうでしたか。

ちはる　担任の先生には、入学してからまだ三か月しかたってない
のにやめるなんてもったいない、って強く引き止められました。そ
の先生の妹も通信制の学校に通っていて、結局、卒業できなかった
らしいんです。その話を引き合いに出して、通信制の高校は中途半
端になるからやめたほうがいいって。

中川　それは全員に当てはまる話じゃないよね。わたしも通信制の
高校でしたけど、自由なスタイルがわたしには合っていた。中学で
は不登校だったのに、だんだん通えるようにもなりましたから。

ちはる　ただ、親も最初はすごく反対していたんです。志望してい
た学校が、まだ開校一年目で実績がなかったこともあって。

中川 通信制は進学に不利で、未来の選択肢が狭まると思われがちですよね。

ちはる 学費の負担も大きかったので悩みましたが、最後は自分の心の声に従って通信制高校への進学を決めました。両親を説得して、高校一年の十二月にようやく転校できたんです。

通信制高校で自分に向き合う

中川 声が出なくなるくらい学校が怖かったのに、目の前の問題にちゃんと向き合って、自分で進路を決められるなんてすごいなあ。

ちはる 少しだけ自信がつきました。

中川 通信制の高校ではトラウマに襲われなかったですか。

ちはる 授業をインターネットで受けるので、先生や友だちとのコミュニケーションも最初はネットを介してスタートするんです。わ

たしにはそれがよかったんだと思います。

中川　ネットではどんなふうにやりとりするの？

ちはる　Slack（スラック）というコミュニケーションツールがあって、そこで電話をしたり、チャットで話したりできるんです。その高校には、わたしと同じように不登校だったり、いろんなつらい経験をしている子が多く在籍していました。先生もフランクで、何でも相談にのってくれました。

中川　それは安心できるよね。

ちはる　ネットで話していると、リアルで会いたくなるじゃないですか。それでリアルで会ったりしているうちに学校にも行けるようになりました。そこから少しずつ、いろんな課題が見えてきて、自分に向き合えるようになったんです。高校を卒業して、いまは大学の法学部で学んでます。

中川　すごいなぁ！　なにかあったらよろしくお願いします（笑）。

どん底で見えるもの

中川 ちはるさんは、いまいじめや生きづらさを抱えて悩んでいる子に、どんな声をかけてあげたいですか。

ちはる わたしは完璧主義で、「こうあるべきだ」という自分の理想にすごくとらわれていました。よく考えたら、物事がなんでも自分の思い通りに運ぶわけがないですよね。それなのに、「あるべき自分の姿」にこだわりすぎていた。それで、他人からの視線ばかりが気になっていたんです。だから「どん底まで落ちたら、自分を縛っていた考え方から解放されて自由になれたよ」って伝えたいです。

中川 すごく実感がこもった言葉ですね。どん底まで落ちて何が変わったんですか。

ちはる まず他人の視線とか偏見を怖がらなくなりました。自分の経験から得たものを信じて進めば大丈夫だ、って開き直れるように

なったんです。いまの自分が不十分でも、そこから掘り進んでいけ
ば、必ずどこかに道がつながっているはずだから。

中川　最近は不登校の問題がいろんなメディアでもとりあげられて
いますよね。そこでは「学校には無理して行かなくてもいい」「逃
げるのも大事」といった意見をよく目にするけど、これについては
どう思いますか。

ちはる　時と場合によるのかな。悩みや苦しみの原因もひとりひと
り違うから。ただ、わたしは、「逃げる」という言葉には少し違和
感があって、「逃げるのではなくて、違う道を選択した」と思って
います。

中川　すごく心に残る言葉ですね。

ちはる　他の人からは、通信制高校に転校するのが、「逃げ道」に
見えるのかもしれません。でも、わたしはそこで密度の濃い時間を
過ごすことができました。明らかに自分を変えていくことができた
んです。卒業したいまはっきり言えるのは、わたしにとってはこっ

ちが正規のルートだったということです。

中川　「逃げ道」ではなく「違う道」。この考え方は、同じ経験をしている人にすごく刺さるよね。「逃げてもいいよ」っていうのはポジティブなようでいて、「逃げる」という言葉自体に「本来進むべき道から外れる」というネガティブな意味合いが含まれていますもんね。

ちはる　はい。だから、自分に合わなかったり、もう無理って思ったら、「違う道」を探せばいい。そう考えると、意外に気持ちがラクになります。

子どもは大人に二度傷つけられる

中川　ちはるさんは、いじめはなくせると思いますか。

ちはる　なくしたいですけど、完全になくすのは難しいと思います。

中川　それはどうして？

ちはる　人間関係って、どうしても合う合わないという相性があるじゃないですか。それがもつれて攻撃するのは、本能として避けられないと思うんです。相性の悪い人とどう向き合っていくか、そういう社会的な対処法がわからない子どもだって多いと思います。だから相手を攻撃してしまうのは、ある程度は仕方のないことなのかなと思ったりもして。

中川　人間には理性があるはずだけど、それが育つまでは傷つけあうのもしょうがないということなのかな。

ちはる　だからこそ、いじめが起きた後のケアや教育が重要だと思うんです。先生や親がちゃんといじめに気づいて、「これはよくないことだよ」というのを教えてあげる必要がある。大人がどう対処するかによって、いじめられた子どもの心の傷の癒え方が変わってきますから。

中川　たとえば、道徳の授業で「いじめ教育」をするのはどうかな?

ちはる　効果はないと思います。だって道徳の授業ってつまらないじゃないですか。

中川　たしかに、そうだよね。

ちはる　わたしは、いじめはなくせないけど、いじめ自殺はなくせるかもしれないと思うんです。子どもたちがいじめに苦しんで、自殺に追い込まれるのは、いじめそのものの苦しさもあるけど、それ以上に、いじめられていることを信じてもらえず、気づいてもらえず、気づいてもなかったことにされてしまう、そんな大人の態度に絶望するからです。

中川　ちはるさんのケースもそうでしたよね。

ちはる　子どもはいじめによって傷つくだけじゃなくて、大人たちがいじめを放置したり、隠ぺいすることによって、二度傷つけられる。わたしが最初に相談したときに、先生がちゃんと話を聞いて対応してくれていたら、自殺を考えるまで追いつめられることはなかったはずです。

中川　大人がいかに早い段階でいじめに気づいて、いじめられている子にどう寄り添ってあげられるか。それが、なによりも重要ということですね。

ちはる　いじめで苦しんでいるときに、ほんとうに信頼できる大人に出会えれば、いじめによる自殺も減るんじゃないかと思うんです。

中川　大人の姿勢が問われている、ということだ。

学校が唯一の居場所ではない

ちはる　いじめで追いつめられている子どもたちにとって、学校以外の居場所ってすごく重要ですよね。

中川　学校って逃げ場がないもんね。

ちはる　それで、わたしは大学に入ってから、生きづらさを抱えている人が自分の気持ちを言葉で伝えるためのウェブサイトを立ち上げて活動をすることにしました。

中川 すごい行動力！

ちはる 学校以外にも自分の居場所があることに気づいてほしかったんです。そうすれば、いじめや不登校で悩みを抱える子どもたちの心が少しはラクになって、自殺も減らせるかもしれない。そういう居場所にしたいんです。

中川 学校が唯一の居場所だと思うから、息苦しくなっちゃうんだよね。わたしもネットで同じ趣味の人を見つけて、すごくラクになれたもの。

ちはる 実は、わたしは近い将来に学校はいまのようなかたちが絶対ではなくなるような気がしているんです。

中川 それは、学校に通わずに授業はインターネットでするスタイルになるということですか。

ちはる はい。いろんなスタイルの学校があれば、いじめで追い込まれる子どもがいなくなるんじゃないかという期待をこめた妄想ではあるんですけど。

中川 なるほど、たしかにあり得る話ですよね。いじめがなくなるのは大歓迎（だいかんげい）だけど、わたしは学校で学ぶべき社会性とかコミュニケーションもあると思っていて、すべてがネット授業というスタイルには、まだ少し抵抗（ていこう）があるかな。でも、どんなスタイルの学校になろうとも、ひとりひとりに合った「居場所」は絶対に必要だと思います。

いじめをなくすために、いまできることは何なのか——。

このことを考えるために、わたしはもっといじめの現状について深く知りたいと思いました。

そこで、「不登校新聞」に お話を聞かせていただくことにしました。「不登校新聞」は「当事者の声に寄り添う」をモットーにしている、日本で唯一の不登校に関する新聞です。

石井編集長はこれまでに、いじめや不登校で生きづらさを抱える子どもや若者、識者など四百人以上に取材を重ねて、情報を発信し続けています。

誰もがいじめの標的になる時代

石井志昂（いしい・しこう）

一九八二年生まれ、東京都町田市出身。中学校受験を機に学校生活が合わなくなり、理不尽な校則、いじめなどが原因で中学二年生から不登校に。その後NPO法人全国不登校新聞社が発行する「不登校新聞」のスタッフとなり、二〇〇六年から編集長を務める。

匿名でいじめられる恐怖

中川　みゆうさんとちはるさんの話を聞いて、わたしが中高生だったときとはまた違ったいじめのかたちが見えて、驚きました。

石井　十年前、二十年前と大きく変わったのは、インターネットや

SNSの利用が格段に広がったことです。いまは、小学生がスマートフォンやSNSを利用する時代です。自分用ではなくても、自宅に家族共有のパソコンを利用するので、子どもたちは常にネット環境にさらされています。

中川 わたしはいじめられて落ち込んでいた不登校のときに、インターネットにすごく救われました。まだインターネットが世の中に広がり始めて間もないころでしたが、学校以外にも共通の趣味を持つ人がいることに気づいて世界が広がりました。

石井 インターネットにつながることで生きづらさから解放されるのは、いまの時代ならではの救いだと思います。

中川 SNSも友だちや家族にSOSを発信するツールになりますし、自分を支えてくれる友だちとつながる貴重な手段になりますよね。

石井 はい。ただ、一方ではSNSを使ったいじめも生まれていま

す。

中川　わたしの学生時代は悪口を言われたり、無視されたり、靴箱をへこまされたり、といったリアルないじめが主流でしたが、いまはSNSによるいじめも見過ごせないんですね。

石井　最近も中学生の女の子に、なぜ不登校になったのか取材したら、LINEグループでのいじめが原因でした。LINEグループの中で、人前では言えない先生や先輩の悪口をみんなで言い合っては盛り上がっていたみたいなんです。ところが、他の子たちのコメントは全部消されて、その子の発言だけがツイッターでさらされてしまった。それで、怖い先輩たちから目をつけられて、いじめの標的になって学校に行けなくなったそうです。

中川　思春期にそれやられたら傷つきますよね。

石井　SNSでのいじめは匿名のケースが多くて、誰がいじめているのか見えづらい。いまはツイッターがいじめによく使われていて、裏アカ（裏アカウント）や闇アカ（闇アカウント）を取得して、匿

名で悪口やうわさ話を拡散するんです。

中川　いじめている相手の顔すら見えないなんて、匿名ってほんとうに怖いですね。

石井　悪口やうわさ話は拡散されるうちに必ずエスカレートしますから、本人が気づいたときには取り返しのつかない事態になっているんです。

二四時間いじめにさらされる

石井　スマホが普及して、LINEができてからは、特に女子たちの間では、いつどこにいてもクラスの友人関係を抱え込まなくてはならない状況が続いています。

中川　それはつらいですね。二四時間三六五日、学校での人間関係から離れられないなんて……。

石井　そうなんです。たとえば、午前三時に「いま何してる?」っ

中川 真夜中なんだから、寝てたら返信できませんよね。

石井 大人はそう考えるのが普通だと思うんです。でも、いまの子どもたちには即レス義務（即座に返信をしないといけない）というルールがあって、無視したらいじめの標的になりかねない。だから、夜中三時でも、すぐ返信しなくてはならないんです。

中川 それじゃあ気の休まる暇がない。二四時間、学校での人間関係に縛られ続けるなんてつらすぎます。

石井 しかもSNSの中で行われているので、先生や親には一切その人間関係が見えてこないんです。

中川 誰にも見つけられないですよね。

石井 先日、取材でこんな話も聞きました。高校生の女子が部活のメンバーでつくったLINEグループから自分だけはずされているのに気がついて、「私も入れて」と言ったら、そのLINEグループには入れてもらえたそうなんです。ところが、その子が入った途

ていうLINEが着信したら中川さんならどうしますか？

端、LINEグループ上のやりとりが一切なくなってしまった。

中川　入った途端に？

石井　そうです。彼女を外したLINEグループが新たに作られて、そちらにグループが引き継がれていたんです。

中川　それは、LINEグループ内での無視、というかハズしですよね。

石井　これはまさに心理的な暴力ではありますが、LINEグループでメッセージのやりとりをしなかったことを、いわゆる「いじめ」と呼べるのかという問題もあります。

中川　学校や先生に相談したとしても、「それは気にしすぎじゃないか？」と片づけられてしまいそうですよね。

石井　だから相談もしにくいと思うんです。

中川　うーん、難しいなあ。大人はLINE上でのやりとりなんて遊びの延長くらいにしか思ってないでしょうしね。当事者にしてみたら、胸を締めつけられるくらい苦しくてつらいことだと思います。

誰もがいじめの標的になる

石井　中川さんが中学や高校に通っていたときは、いじめる側といじめられる側が、はっきりと分かれていたでしょう。

中川　そうですね。いまは違うんですか。

石井　国立教育政策研究所（文部科学省の研究機関）が中学生を対象にして行った最近のいじめ追跡調査では、「いじめられた経験がある」と答えた子どもが六八％にのぼっています。

中川　そんなにいるんですか！

石井　一方で、「いじめた経験がある」と答えた子どもも六四％に及びました。

中川　いじめた経験もいじめられた経験も六割以上って数字が合いませんよね。どういうことですか。

石井　両方に回答した子どもが多いということです。つまり、いま

は誰もがいじめの加害者にも、被害者にもなり得るということなんです。

中川 えっ！ どちらにも？ もう少し詳しく教えてください。

石井 昔はスクールカーストも上位、中位、下位の区分けがはっきりあって、上位が自分よりも下をいじめるというシンプルな構図でした。でもいまは、それぞれのカースト内でもいじめが起きているんです。

中川 きっかけは何なんですか？

石井 言葉づかいが気に入らないとか、部活でのトラブルとか、ほんとうにささいなことです。それで、いちどグループ内でいじめが起きると、標的にされた子はそのグループを外れて、一つ下のカーストに移ることになるんです。

中川 今日、上位カーストにいても、明日には中位カーストにいるかもしれないんですね。

石井 いまは、いじめていた側も、簡単にいじめられる側にまわっ

てしまう。いつ自分がいじめの標的になるかわからないので、教室はいつも緊張感に包まれています。ひとつひとつの発言にも常に気を使わなくてはならない。

中川　教室にいても周囲からの目が気になってしょうがないですね。

石井　だから、自分がいじめられないように、攻撃的になって予防線を張ったりもするんです。

中川　自分がいじめる側にいれば、大丈夫だと思ってしまうんですね。

いじめを引き起こす仕組み

中川　なにかいい解決法はないですかね。

石井　そもそも僕は、いまの学校にはいじめを引き起こす仕組みがあるように思うんです。

中川　それはどんな仕組みですか。

石井　学校ではクラス編成をするときに、先生たちが事前にクラスのリーダーになれそうな子を選んで振り分けているんです。そのリーダー的な存在がいましたね。

中川　たしかに、どのクラスにも発言力の強いリーダー的な存在がいましたね。

石井　以前は学級委員になるような優等生タイプの子を選んでいたんですが、最近は「雰囲気を作れそうな子」というあいまいな基準でリーダーを選んでいるらしいんです。

中川　「雰囲気」って何なんですか？

石井　クラス全体の空気を作れるという意味ではないかと思うんですけど、そこに落とし穴があるんです。先生はそのリーダーをあてにしてクラスを運営するから、どうしても構造的にその子を頂点にしたスクールカーストが生まれやすいんです。

中川　そのリーダーに嫌われたらおしまい、ということですよね。

石井　そうなんです。リーダーを選んだのが先生だから、その子がいじめを始めても、もう誰にも止められない。

中川　そのリーダーがクラスで絶対的な力を持ってしまうんですね。

石井　文部科学省もさまざまなかたちでいじめについての追跡調査を行っていますが、実態を明らかにするのは難しいようです。

中川　「いじめアンケート」が校内で行われているのに、その結果が生かされていないと聞きました。その結果、大人に裏切られたと感じて、それが不登校につながるケースも少なくない。

石井　SNSでのいじめの話もしましたが、基本的に日本のいじめは八割がた教室で起こっています。これは世界的に見たらすごく特殊なんです。

中川　えっ、そうなんですか。

石井　海外では、教室の外でいじめが起こります。通学のバスの中や通学路、放課後の遊び場などです。つまり、大人の目が届かない場所でいじめが起こっているんです。一方、日本では教室でいじめが起きている。つまり、いじめが大人の目の前で起こっているんです。それなのに大人が気づかない、あるいは気づかないふりをする。

これが日本のいじめの現状です。

中川　大人がいじめの事実から目をそらそうとしたり、なかったことにすることで、子どもは追いつめられて、絶望感を抱いてしまう。そんなことがあっては絶対にいけない。社会の受け止め方を変えていかなくてはいけないと思います。

いじめられた記憶は一生消えない

石井　僕は不登校新聞で十五年ほど取材を続けてきましたが、いじめた側を取材するのって難しいんです。これまでに、かなり多くの人がいじめに加わってきたはずなのに、それを語ろうとする人が出てこない。

中川　いじめたことなんて誰も語りたくないですよね。

石井　後ろめたい気持ちがあるんでしょうね。

中川　あるいは、いじめたこと自体を忘れているのかもしれない。

石井　正直に言うと、僕は小学校六年のときにいじめをした経験があります。クラスのみんなから、「臭い」「汚い」といじめられていた女の子がいたんです。彼女が使った水道の水栓をみんなで避けたりもしていました。つい軽い気持ちでそれに乗っかって、彼女が近くを通った時に「わっ、臭い」と言ってしまったんです。しかもそのことをすっかり忘れていた。

中川　いじめたほうはすぐに忘れても、彼女には心の傷として一生残るはずです。いじめられた記憶って消えないんです。

石井　ほんとうに申し訳なかったと思っています。彼女のことを考えると、いまでも胸が苦しくなります。

中川　ただ、石井さんをかばうわけではないですが、ノリや雰囲気で人を傷つけてしまうことは、きっと誰にでもあるはずです。

石井　それが、いちばんよくないんですよね。

中川　いじめではないですが、わたしもなにげなく発したひと言で相手を傷つけてしまったことがあります。言葉って、こわいですよ

ね。

石井　自分では無意識のうちに相手を傷つけてしまう。

中川　だから、わたしはできるだけ相手の気持ちになって言葉を使うように心がけています。

「いじめ」という言葉が使われなくなった

中川　テレビのバラエティー番組では芸人さんがいじられているのをよく目にしますよね。子どもたちが遊びでそれを真似して、それがいじめにつながることもあるんじゃないですか。

石井　そうですね。テレビの子どもたちへの影響力は、大人が想像する以上に大きいです。でも、バラエティー番組での「いじり」や「キャラ付け」は、その道のプロが芸としてやっているもので、素人のわたしたちに真似できるものではありません。ましてや子どもたちが悪ふざけでやっていい類のものではないんです。

中川　やられた本人が嫌だと感じた時点で、もういじめですからね。

石井　実は、最近の子どもは「いじめ」という言葉を使わなくなってきているんです。取材をしていても、「いじりがつらい、キャラ付けがつらい」という言い方をする子が多い。いじめる側、いじめられる側がコロコロ変わるような状況なので、かつての「いじめ」という言葉にリアリティを感じなくなっているのかもしれません。

中川　それは、いまのいじめがより見えづらくなっているということでもありますね。

無意味な校則が多すぎる

石井　僕はいじめを生みだす背景には、「締めつけ」があると考えています。

中川　「締めつけ」とは？

石井　「ストレス」と言い換えてもいいんですが、たとえば、学校

の校則がそうです。いまは、意味のない校則があまりにも多すぎる。

「靴の中敷きは白に限る」とか。「チャイ着」とか。

中川　「チャイ着」ってなんですか。

石井　チャイムが鳴る前に着席することを「チャイ着」というらしいんです。

中川　でも、チャイムが鳴らなかったら戻れないじゃないですか。

石井　僕もそう思うんですけど、「チャイ着ができない」と問題になるらしい。

中川　変なの！

石井　そういう意味のないルールを押しつけられて、子どもたちはがんじがらめになっている。大人が校則で締めつけるから、ストレスのはけ口として、いじめやいじりが起こるという事実が見過ごされています。

中川　軍隊やブラック企業など締めつけの多い組織ではいじめが起こりやすいと聞いたことがあります。

石井　子どもを締めつけるから、今度は子どもたち同士で締めつけ合うようになるんです。それがまたいじめにつながっていく。

中川　たしかに、わたしの通った通信制高校には無意味な校則がなくて自由でしたね。高校に通うようになって、ようやく一息つくことができました。学校に行きたい人は行けばいいし、通学できない人は自宅で勉強したり、レポートを提出すればいい。時間の使い方は自分次第で、好きな本を読んだりすることもできました。それでようやく息が吸えるようになったんです。もう一度学校に行こうと思えるようにもなりました。

石井　中川さんの高校のようにある程度の自由や流動性があると、ストレスが減るのでいじめが起きにくいんです。ストレスを引き起こす要因をストレッサーといいますが、いじめをなくすためには、このストレッサーをどう減らしていくかが重要だと思います。

自分らしい生き方を見つける

中川　締めつけのない状況でいじめが減らせるなら、通信制高校やフリースクールも悪くない。そう考えれば、わたしの選択は間違いではなかったのだと思えます。

石井　『西の魔女が死んだ』（梨木香歩・著）という小説があるんです。主人公は不登校の中学生の女の子です。彼女がいまの学校から転校をするべきか悩んでいると、魔女であるおばあちゃんはこう言います。

「自分が楽に生きられる場所を求めたからといって、後ろめたく思う必要はありませんよ。……シロクマがハワイより北極で生きるほうを選んだからといって、だれがシロクマを責めますか」

このおばあちゃんの言葉が僕は忘れられません。

中川　ハワイのシロクマ。すごくわかりやすい！

石井　ゴールは、学校に行くことではなくて、自分らしい生き方を見つけることですよね。

中川　同感^{どうかん}です。わたしも、いま苦しんでいる子どもたちが、未来の自分に目を向けてくれることを願っています。

第三章

いじめ時間をサバイブする

「卒業すれば楽になるよ」と言われても

大人は「いじめで苦しいのはいまだけ。大丈夫、卒業しちゃえば楽になるよ」とよく言います。わたしも大人からこう言われたことがあります。

「わたしも同じような目にあってたけど、卒業すれば楽しいことがたくさんあるよ」

でもこの言葉、実際にいじめで苦しんでいるときのわたしの心にはまったく響きませんでした。その人も良かれと思って声をかけてくれたと思うけど、それでも「うるさいな。あなたにはもう関係ないけど、わたしは明日も学校行かなきゃいけないんだよ！」と心の中では反発してしまいました。大人に対する不信感が生まれてしまったし、今日一日をどう生き抜くか、そのことに精一杯だったんです。

こんなふうに言う大人もいます。

「学校で起こることは、社会で起こることの予行練習みたいなものなんだから、そのくらいうまく生き抜かなきゃ、社会に出てやっていけないよ」

大人だって人間関係で息苦しさを感じることがあると思います。でも、大人は人間関係を切り捨てて、逃げることができます。自分で判断して居場所を変えることもできます。いろいろな経験値があるから、仕事は仕事だと我慢する心の余裕だって生まれます。

でも、子どもたちは学校や教室が生活の中心を占めていて、基本的にそこから逃げたり、やめたりすることができないんです。いじめで苦しんでいる子どもたちにとっては、常にいまこの一瞬が戦いなんです。

悩みも心のかたちもひとりひとりみんな違うから、いまいじめで苦しんでいる子どもたちにどんな言葉をかけたらいいかはとても難しいことです。先生、そして大人は、子どもたちが助けを必要としたなら、加害者ではなく被害者の子の心の声を守ってほしい。

今日一日をサバイブする

二〇一一年の「大津中二いじめ自殺事件」では、当時十三歳だった中学二年の男の子が、いじめを苦にして自殺しました。

当初、加害者の生徒たちは「いじめではなくゲーム感覚の遊びだった」と語り、学校や教育委員会も「いじめと自殺の因果関係」を認めませんでした。大津地方裁判所でようやく因果関係が認定されたのは、事件から八年が経った二〇一九年二月のことです。ほんとうに許せない事件だけれど、その後もいじめを苦にした自殺は後を絶ちません。いじめで命を奪われるなんて絶対にあってはならないことです。

加害者の特定が難しいこと、十四歳未満は罪に問えないことから、いじめの加害者は一切責任を問われることなく、何事もなかったかのように生きていくケースがほとんどです。言葉による中傷や無視などは目に見えません。だから、

いじめは加害者も被害者もうやむやになってしまいます。なかには、証拠が残らないように、巧妙に追いつめたり嫌がらせをする人もいるんです。どうしたらいいんだろうなって、本当に思います。

子どもたちにとっては、今日一日、この一瞬が戦い。今日この後や明日をどう過ごすか、どう耐えるか。クラスメイトの悪口なんかも聞こえていないふりをするとか。トイレで時間をつぶすとか。保健室に行くとか。わたしも、ありとあらゆることを試していましたが、毎日が本当につらかった。誰にも言えない痛みや苦しみを抱えている子が、いまもたくさんいると思います。

「死にたい衝動」とどう向き合うか

一年のなかで、十代の自殺件数を日別に調べると、圧倒的に九月一日が多いといいます。そして、自殺の原因でいちばん多いのは学校問題だそうです。

「いじめ　そして
それを苦にして
命を絶つ自殺」

その後の調査で
いじめと自殺の
因果関係を「不明」と
してしまう例が
多くあるという

「自死の原因は、
いじめ以外にもあった」
と結論付けられ、
いじめが自殺の原因と
することを避けようと
する大人がいる

先生たちへ
いじめがないと
思わないでください
悩み苦しむ子の
心の叫びを
聞いてください

「遊びのつもりだった」
と言い逃れする加害者を
守る大人がいる

いじめは
人を自殺に追いこむ
恐ろしい行為なのだと
わかっていてほしい

新学期のはじまりの日、九月一日。

学校に行かなくてもよかった、夏休みが終わってしまうとき。

学校に行かなくてはならない。だったらもう、死んでしまおう。

そんなふうに死を選んでしまうほど追いつめられてしまう十代の尊い心と命。

十代の、思春期の心の振れ幅は自分では抑えきれないもので、振り返るとわたしも十三歳から十八歳くらいまで、傷つきやすい心で毎日戦っていたように思います。

楽しいことにのめり込めるパワーも大人の何十倍もあるけれど、一旦心にキズがつくと、ヒビがどんどん深く入っていきやすくもなる。

学校で言われて傷ついたことを、何度も思い出しては、

「どうせなにをやっても失敗するんだ」

「わたしは人に嫌われる星の下に生まれたんだ」

そんなふうに考えるクセがついてしまったり。

「もう死んでしまいたい、消えてしまいたい」という衝動に襲われた夜もありました。

「もうヤダ。人生なんてどうでもいい」

「なんでわたしがあんなこと言われなきゃいけないんだ、許せない」

人には言えないけれど、心の中のぐるぐるネガティブなループ。

電車のホームに行くたびに、「いまここから線路に飛び込んだら死ねるのかな。全部終わりにできるのかな」なんて考えがよぎったり、「でも飛び込みは遺族が莫大なお金を支払わなきゃいけないって聞いたことがある……」ということを思い出したり、でもほんとうに飛び込む勇気もない。

十七歳のころ、「もういやだ!」「もう死ぬ」というスイッチが入ってしまったことがありました。そのときは、いじめられた記憶のフラッシュバックに加えて、ほかにもいろいろ嫌なことが重なって、死ぬこと以外を考えられない状態になっていたのだと思います。

ついに衝動的にリストカットをしてしまいました。少しずつ何度も深く手首を包丁で切りつけて、血が流れてくる。

その最中に母が、たまたま階段を降りてきました。無心に手首を切りつけていたわたしを見つけると、あわてて駆け寄ってきて手首を押さえて血を止めてくれました。

母は、いつも強く明るく、悩むことがあっても決してわたしには見せない人です。

泣いているのを見たのは、父が亡くなった夜と葬儀の時だけ。ずっと働き続けていた母は、絶対泣かないしわたしには弱さを見せない強い人でした。

その母が涙を流しながら、わたしを叱ったんです。

「バカ！　なんでこんなことするのよ！」

あのときの母を忘れられません。

東の中がゴォーってなって

どうせなにをやっても失敗したり人に嫌われる星の下に生まれたんだ!!って

13歳くらいから18歳くらいまでの心って自分でどうすることもできないくらい脆い

死のう

でもある時真っ白になってもういいい!!!もうやだ死ぬ。「死ぬ」ってそれしか考えられないスイッチが入ったことがあった

電車のホームに行くたびにためらって

飛びこみは遺族が莫大なお金を払うことになるって聞いたし…

本当にあのとき死なないでよかったと今心から思う

ネコが甘えにきてやめたり

たまたま母が通りかかってやめたり

やめなさい何やってんの

バカッ

ママは私の前で絶対泣かなかったのに

ニャゴ。

はっ

でもまたしばらくしてから、死にたい衝動がもう一度襲ってきたことがあります。そのときはドライヤーのコードで首を吊ろうと、ドアノブにぐるぐる巻きつけ体重をかけたのですが、目の前が白くなりました。

すると、部屋に猫が入ってきて甘えてきました。

最後に猫を撫でようかな、とわたしはフッと力を緩めて抱き上げました。猫を撫でているうちに、その衝動がおさまったのです。

もしそのまま死んでいたら。

本当にあのときに死なないでよかった、といま心から思います。

そして、死のうとした日から大人になった今までの時間に、たくさんの新しい出会い、夢やよろこび、悩みや別れ、さまざまなことがあるなかで、本当に生きていてよかったと思うことが数え切れないほどあります。

生きていてよかった、

長生きしてたくさん好きなことをしたいなぁ、と思うようになりました。

しかしいまも、その時の傷は残っています。

子どもが自ら命を絶つことが、親にとってどれほどつらいことか。死んでしまったら話もできない、挽回するチャンスもなにもかも、永遠に失ってしまう。

そして残された遺族は、永遠に消えない悲しみを背負って生きていく。

傷ついた方が覚えていることも、やった側は大したことだとは認識していないことがほとんどです。時の経過とともに、亡くなった人のことも忘れて、人生を楽しんで生きていきます。

たとえいじめ被害者遺族が裁判を起こしても、いじめと認められなかったり、自殺との因果関係がないと判断されて負けてしまうケースは数え切れないほどあったそうです。

死んで楽になる、なんて決してないと思います。

悲しみや苦しみが終わらないのは育ててくれた大切な家族なんです。

心の色はちがいます。

十代の繊細な心に「死にたい」という衝動が生まれて、どうしようもなくなったときにどうしたらいいのか。難しいことだし、答えもないし、人それぞれ心の色はちがいます。

なので、わたしからお願いです。

まずは、一回、寝てください。

苦しい気持ちに向き合うことを、とにかく一日、先延ばしにしてみてほしい。

チョコレートを食べてみる。

なにか好きな食べものを食べる。

好きなゲームを起動する。

猫を撫でる。

ネットでいろんなサイトを見にいく。

ほんとになんでもいいので、ささやかなことでいいので、いまの衝動から一

旦、気持ちを逸らしてほしい。

それを繰り返して、少しずつ毎日を生き延びてほしい。

ほんの少し、楽しいな、とか、

おいしいな、とか、

これ好きかも、とか、

あのゲームの新作がでるなぁ、とか。

ほんのり心のアンテナが動くなにかを見つけ出すように。

そのうち、少し元気になれる日もきたりします。もちろん理不尽なできごと

に落ち込む日もあります。

だけどそれでも、少しずつ、死にたい日を先延ばしにしていってください。

どうか死ぬことだけは選ばないでください。

そうしていくうちに、

ああ、楽しみ！

ああ、生きててよかった！

と思うなにかに、出会えるんです。

いまは見えなくても、

会えてよかった。

そんな出会いが待っています。

学校にはなかった、居場所があります。

あなたに合う居場所が必ずあります。

わたしはあのころ死にたかった自分に、

なんて言葉をかけるか、いつも言葉を探しています。

だけど、いままでにあったたくさんの
生きててよかった！　うれしい！　は、
あのころ、悩んでいた時間に見つけた、
好きなことのおかげで、それが未来を動かして夢を叶えてくれました。

歌ったり、ゲームをしたり。
絵を描いたり、ネットを見たり。

つらいことから心を守るために毎日していたことが、
未来の夢の種まきになっていました。
だから、どうか死なないで、
好きなことに夢中になれる時間を大切にして。

学校以外の時間はすべて自分の時間。
心を、命を、守るために、

好きなことをたくさん見つけてほしい。

いつか、ああ、それでよかったんだ、と思える未来に大人のわたしが責任を持ちます。大丈夫、

と、わたしは言いたいです。あの頃の自分にも。

心の傷は一生消えない

卒業したら、学校の外の世界を生きていくことになります。学校以外の場所で、さまざまな人に会う機会や出来事に遭遇します。

思春期を抜け、大人になると少しずつ、心の切り替え方法を見つけられるようになりだします。人間関係で悩んでも、自分でその人とは仕事以外の時間には会わないようにしたり、連絡をとらないようにしたり、こじれないよううま

くフェードアウトするとか、大事な人との時間を大切にしたり。うまいこと自分をコントロールできるようになります。

学校では、必ず毎日会わなきゃならないからできなかったことです。

少しずつ、いじめの悩みから違うことにも心を向けられるようになれたと思っていたころの、二十歳の成人式の時の話です。

知り合いと、せっかくだから成人記念に、わたしが通った幼稚園から中学までたどってみよう、ということになりました。自分のルーツをたどるショートトリップです。

「この道通って幼稚園に行ってたな。　懐かしいな」とか、「小学校楽しかったな。ちょっと木が切られちゃって変わった」とか、当時の通学路を歩きながら、小さいころに目にしていた景色より道がせまく感じることにしみじみして思い出をたどっていきました。幼稚園、小学校と来て、次は中学校――。

時間軸としては、中学がいちばん最近のはずなのに、なぜかどうしても中学にたどりつけない。学校までのルートが思い出せないんです。

ほんの五年くらい前に、毎日、徒歩で通っていたにもかかわらず、通学路が思い出せないなんて。

自分でも気づかないうちに、いじめで悩んでいた時期の通学の記憶に蓋をしてしまっている。それには我ながら驚きました。

二十代になって、もういじめとは関係のない環境になっても、いじめられた経験がフラッシュバックして思い出してしまうことがあったのは、どこかでやっぱり相手を許せていなかった部分があったからかもしれません。

だけど、それが反動にもなって、仕事や人生に楽しいことを見つけてやる！　幸せになってやる！　とがむしゃらになれた部分があったのも確かだと思います。

絵を描いても、歌っても、何をしても否定されることはない。だったら楽しんでやる！　あのころつらかった時間を無駄にしたくない！　と思う気持ちが

未来を動かしていったことも確かです。

いじめを連鎖させないためにできること

いじめているグループのなかにも、微妙な上下関係があります。あきらかないじめっ子、すなわちボスタイプもいれば、本当はいじめに加わるのは嫌だけど、いじめるほうのグループにいないと次は自分がいじめられるかもしれないから、仕方なく加担（かたん）している子もいると思います。いじめがあることを知りながら、見て見ないふりをしている子もいると思います。

うまく場の空気を読みとって、浮かないようにしなきゃいけない。たった一言が命取りになりかねないので、会話にも気を遣（つか）います。SNSだと、直接のコミュニケーションじゃないから、子どもたちは言葉づかいにもより神経（しんけい）をとがらせています。ちはるさんの「いじめられないキャラ」の話からは、子どもたちが本当に心を擦（す）り減らしているんだなと感じました。

あるグループにいじめられている子が、別の子をいじめるということもあります。いじめられるいら立ちやストレスを別のいじめで解消するのです。一つのいじめが、また別のいじめにつながってしまう。いわゆる「いじめスパイラル」です。どんなに自分が受けた傷や痛みがつらくても、それをほかの人に向けることで解消するなんて、悲しいし、虚しいことでしかない。

傷つく人が増えていく負の連鎖。

悪口は、言ったら必ず返ってきます。それも、何倍何十倍になって返ってくる。内緒のつもりでいても、本人に必ず届くから。傷つけたのだから、相応のバチが当たる。これは本当にそう思います。

悪口は人に言わないほうがいいし、書かないほうがいい。言った人が幸せになるとは思えません。いじめは陰口から始まることが多いから、悪口や陰口を「ここで止める」と意志を持って行動することで、いじめを止められるかもしれない。そのほうが幸せになれる。

いじめを連鎖させないというのは、わたしたちひとりひとりができる小さな

抵抗です。

いま、ネット上には、果てしなく悪口が蔓延しています。

大人になっても匿名で悪口を書いている人がたくさんいます。大人がこんなことでは、いじめがなくなるわけがない。子どもたちに情けない背中を見せているようなものです。

ネットには良い使い方もいくらでもあります。ポジティブな拡散力が誰かの心を癒すかもしれない。ひとりじゃなかった良かった、の共感になるかもしれない。

本当に心が動いたことを、あらゆる言葉をさがして褒めるゲームのようにぶやくのは楽しいです！

生産性のある、他人を傷つけない使い方でネットを楽しんでほしいです。

「やられて嫌だったことは自分でもやらない」

「悪口は自分のところで止める」

学校内の微妙な人間関係の中では、これは簡単なことではないかもしれません。それでも、相手の立場になって考えられれば、きっとそれが誰かを幸せにできると思います。

いじめているほうが一〇〇パーセント悪い

学校のクラスは、たまたま集まった三十人ぐらいの集団です。クラスメイト全員とうまくやるのは、すごく大変なことだと思います。

もちろん、みんなと仲よくできる人もいると思いますが、それは才能（さいのう）だと思います。人間だから、合う合わないの相性（あいしょう）があるのは当然です。

動物も、多数になると強いものが弱いものを攻撃（こうげき）したりしはじめます。

だけど人間には、理性（りせい）と考える力があります。

いじめられている側にも問題がある、と言う人がいますが、それはいじめていい理由になんかなりえない。いくら相性が悪くても、それはいじめていい理由になんかなりません。

いじめているほうが一〇〇パーセント悪いです。

誰かを攻撃したり、誰かを中傷したりする資格なんて、誰にもありません。

自分を棚に上げて誰かを攻撃するのは愚かで恥ずかしいことです。

わたしは、自分の好きなことに夢中になる性格なので、みんなに合わせるのが下手だと自覚していました。

みんなができることがうまくできなかったり、言ってから変なこと言ってしまった！と思うこともあったり。なんだかじわじわ、浮いてしまう。いつもうまく振る舞えなくて困っていました。

「なんか変」というのが「個性」とはなかなかならないのがスクールカーストです。

でもねぇ…
いじめられてる方にも
問題があると思うし…

とか言うんがいるのが
信じられない
ありえない

どんな理由が
あっても

いじめられた人は
ゼッタイに
悪くない。

理由があっても
いじめていい
理由になんか
ならない。

被害者が行けなくなったり
転校したりするのっておかしい
お金も心も時間も失う

海外だと いじめた方が
転校させられる国もあるそう

加害者の擁護より
被害者の安全な暮らしを
守ってください
学校と大人の皆さん

「自然に」というのが、実はすごく難しい。友だちづくりで一回しくじると、リセットはききません。一旦「カースト」と「空気」みたいなものができると、それが教室を支配してしまうのです。

たまたま寄り集まっただけの数十人が同じ教室で、席順も、先生も決められている。偶然の巡り合わせでそうなっているだけ。そんな中で、攻撃的な人にターゲットにされてしまうなんて、「席順ガチャ」に失敗したようなものだと思います。

広い世界に目を向けたら、学校の外にも共通の趣味を持つ人が必ずいます。どんなマニアックな世界でも、マニアックな世界だからこそ、必ず共感できる仲間は学校じゃないどこかで生きています。

インターネットの世界には面白い人、不思議な人が、たくさんいますよね。

令和の時代なのに、いまも、「ネットはよくないものです!」と切り捨てる先生がいるといいます。時代とズレてしまっている……。

「助けて」と声をあげてほしい

「傷つけた側」が守られて、「傷ついた側」「いじめられた側」が泣き寝入りする、そんなことがあっては絶対にいけないと思います。

いじめられた証拠の写真を撮っておいたり、悪口や陰口を録音するのも身を守る手段としてわたしはありだと思います。ただし、あくまでも感情的ではなく理性的に行うべきだと思います。

自分が傷を受けたと感じたら、黙って泣き寝入りするのではなく、証拠を集め、「話を聞いてくれる大人」に届けてほしい。

泣き寝入りしてしまうと、いじめがなかったことにされてしまいます。わたし自身は恥ずかしさや不信感から、親や先生に打ち明けたり、頼ったりすることができませんでした。

だけど、まともな大人、話を聞いてくれる大人、ちゃんとした先生、もいる

場所にはいるのです。

いじめられたほうが苦しむだけなんて、あってはいけないことです。

また、家族や友人、先生に話すことができない人には、電話やSNSなど匿名で相談を受け付けてくれる窓口もあります。学校の人間関係で悩んでいる子は、とにかく勇気のスイッチを入れて、誰かに相談してほしいです。掲示板でも、カウンセリングでもなんでもいい。「助けて」と声をあげる場所は、ちゃんとあるのです。

学校以外の居場所は必ずある

わたしは、いじめの被害者が学校に行けなくなったり、転校しなくてはならなくなることに納得がいきません。

転校にはお金も時間もかかります。それをいじめられた側に押しつけるのは、

どう考えてもおかしい。海外では、いじめた側の児童が転校させられる国もあるといいます。それが正常なのではないかと思ってしまいます。

いま現在、小中高校で起きているいじめは、一年間で四十一万件。また、いじめによって学校に行けない子どもも、たくさんいます。（文部科学省二〇一七年度「児童生徒の問題行動・不登校等生徒指導上の諸課題に関する調査」より）いじめの事件がこれだけ報道されても、いじめはなくならないのです。

いじめは子どもを自殺にまで追い込む恐ろしい行為だということを、いじめている人、見ている人、大人ももっと深刻に受け止めてほしい。

先生方にお願いします。どうか「いじめがない」と思わないでください。悩む子どもたちの心の声に耳を傾けてください。

これまでわたしは、学校は勉強だけではなく、社会性やコミュニケーション

を身につける場として、できるだけ行ったほうがいいと思ってきました。

でも、今回、当事者の声や専門家の話を聞いて、死にたくなるくらいなら学

校には行かなくていい、と考えるようになりました。

なぜなら、学校以外にもいろいろな選択肢があるからです。

通信制の学校に通うこともできます。

わたしが通った通信制の高校では、スクーリングとレポート提出、試験があ

りましたが、それ以外の時間をどのように使うかは個人の自由。

さまざまな人に対応する環境で、大学進学を目指すこともできます。行きた

いと思えば学校に通うこともできて、先生や友だちとリアルな交流もできます。

そこには、いじめや不登校を経験した子からヤンキー、芸能人まで、とにかく

さまざまな人がいました。

締めつけがなくなり、自分のペースで通えるようになったためか、中学でス

クールカーストがあったときには考えられないような、風通しのよさを感じま

した。

絵を描いていると、わたしとはまったく違うキャラのギャルの子が話しかけてきて、「絵うまいじゃん！」と褒めてくれたのです。それがきっかけで、一緒にカラオケに行ったり、自分が好きだったCDを貸したりする仲になりました。

いままでならお互い絶対違うグループにいたはずだけど、この学校なら階層なんて関係なく楽しく話せるのか！　と新鮮な驚きがありました。

この世にはいろいろな個性をもった人がいる、と知るきっかけにもなりました。わたしにはとても合ったスタイルでした。

フリースクールという選択肢もあります。それぞれの教育方針に基づき、独自のメソッドで学びの場を提供しています。　地元の学校には行けない、集団生活が怖い、自宅に引きこもるのも苦しい、というときは、学校や自宅以外の居場所の選択肢としてフリースクールを見学してみるのもいいかもしれません。

「不登校新聞」編集長の石井さんも、フリースクールに行ってから、自らの道

を切り開いて、やりたいことを見つけていった方のひとりです。

（フリースクールは正規の学校ではありません。ただし、フリースクールが高校の通信制コースを併設していたり、フリースクールに通いながら高卒程度認定試験に合格する道もあります。）

もちろん、通信制の学校やフリースクールは公立学校より授業料が高かったり、通学に時間がかかったりするかもしれません。

進学はどうなるんだろう？　とか、環境を変えたからって、いまの状況は変わらないのでは？　とか、不安は尽きないものです。

だけど、いじめから脱出するのになにがきっかけになるかわかりません。なにかを始めるのに早すぎる、遅すぎる、はないと思います。就職して好きな仕事をしている人もたくさんいます。そこから猛勉強して大学に行った人もたくさんいます。

生きがいを見つける瞬間の種は、タイミングは、人それぞれ。逃げるのではなく、合う道を選択するのです。

死ぬことが頭を占めるくらい悩んでまで行かなきゃならない場所なんかない

死にたくなるくらいなら行かなくていい

☆通信制高校

- 自分のペースで勉強できる
- スクーリングとレポート提出、試験以外の時間は、個人の自由
- さまざまな人に対応する環境
- 大学進学もめざせる

私、中川翔子も通信制高校でした。自分のペースで過ごせて自分にとても合ってました

いきたい時にいく!!

☆フリースクール

- 学校・自宅以外の場所で学ぶ時間をつくれる
- 居場所になるかも
- フリースクールからの進学もめざしてゆける

学校以外にも学べる場所はいろいろある!

それは逃げることじゃない

一度しかない人生の自分にとっての正しい道を選択する、ということ

命より尊いものはないはずだから。学校以外にも学ぶ選択肢や居場所は、必ずあります。

学校が変わることで道は開ける

「不登校新聞」の石井編集長は「意味のない校則が子どもたちを締めつけて、それが子どもたちのストレスを生んでいる。ある程度の自由があると、いじめが起きにくい」と話していました。

いじめのない自由な学校。わたしならどんな学校をイメージするでしょうか。

たとえば……。

教室の座席を自由に選ぶことができたらいいですね。決まった席に座らなく

てはいけない、という固定観念を取り外して、毎日違う座席に座るというのもありです。大学のようなスタイルです。マイペースにひとりで座りたい人もいるし。

お弁当も一人で食べやすい学食やカフェテリアをデザインするというのはうでしょう。ラーメン店やカフェでも最近おひとり様席がたくさんあるように、一人でランチをとりたい子どもだっているはずです。

それが変、と思うほうが変。というふうに、それが自然な状態になればいい。

また、大学や通信制の学校みたいに、時間割を自由に組み合わせることができたら、やる気もわきます。文部科学省の学習指導要領の範囲内で、児童や生徒により学びの自由度を増やせば、学校がより楽しい場所になるのではないでしょうか。大学に近いカリキュラムや学校づくり、ということになるのかもしれません。小学校から全部取り入れるのは難しいのかもしれませんが、なにか一つでも変えられることはあるんじゃないかと思います。

校則や学校生活のルールにも、いろいろな細かい縛りがあると聞きます。

「無言清掃」は、心を落ち着けて無言で清掃すること。公立の中学校などで広く実施されているそうです。清掃の時間、ちょっとでもおしゃべりをすると先生に注意されるって、とても窮屈そう……。

「無言給食」はその給食版。私語を慎んで、もくもくと給食を食べるんだそうです。ほかにも靴下や下着は白のみとか、ベルトは黒のみとか。防寒着としてのセーターはOKだけどカーディガンはNGとか。謎な校則が多すぎます。

学校という閉鎖された空間だからまかり通っていた「常識」は、長らく変わらなかったけど、時代とズレてきています。

最近、公立の中学校で、教員のクラス担任制を見直し、宿題やテストを廃止した学校改革を行って、成果を挙げている学校があると聞きました。学習指導要領の範囲内でも、そこまで改革ができるのかと話題になっているそうです。

きっと学校は変われる。学校が変わることで、いじめを減らす道も開けるはず

教室の座席は
自由に選べたり
できたらいいな

お弁当も1人で
食べやすいように

または
大学や通信制高校
みたいに 時間割を
好きなように 自由に
組めたり

限られた人数の 集団で
閉鎖された世界じゃない
場所で 大切な時間を
過ごせたら いいね

です。

わたしの未来を見つけてくれた先生の話

今回いじめの問題に向き合う中で、大人の役割の大きさにあらためて気づかされました。

ちはるさんの「いじめはなくせないけど、いじめ自殺はなくせるかもしれない」「いじめが起きた後のケアや教育が重要」という言葉に、はっとさせられました。

それで思い出したのは、小学五、六年生のときの担任の先生です。

わたしは地元の公立小学校に通っていました。担任の先生は女性で、当時三十代後半くらいだったと思います。ベテランの先生でしたが、キャラが強くて、「褒めて伸ばす」のと叱り方のバランスが絶妙。

生徒からもすごく慕われて、休み時間や放課後は、いつも先生の机をみんなで囲んでワイワイおしゃべりしていました。いま思えば、休み時間も職員室ではなく教室にずっといてくれたのかもしれません。

その先生は、マイルールでガンガン規則を変えていくタイプでした。

学校といえば、でイメージする「当たり前」を変えてみる。

机の並べ方も工夫していました。

普通の縦並びじゃなくて、コの字形にして、先生が真ん中に座って、お互いの顔が見える状態で授業をする。授業中に、みんなの背中じゃなくて、表情がお互いに見えるのです。最初は驚きましたが、すぐに慣れて授業が新鮮に感じました。

クラス全員が手を挙げて発言するための仕組みも「ゲーム」のようにする工夫をしていました。

野球の点数みたいなものを書く紙が配られて、表のように

なっています。手を挙げたらヒット、正解したらホームラン。

それを「正の字」で書いていくのです。なにがもらえるとかではないけれど、不思議なことに、わからなくてもポイントを貯めたいからとりあえず発言してみよう、手を挙げてみようとなって、ちょっと引っ込み思案な子も、みんな率先して手を挙げるようになりました。

学校に行くのが怖いというような、いわゆる不登校になりかけた生徒の家に庭訪問し、本人にそっと寄り添って向き合って、話を聞いて、なんとかする。

クラス内でちょっとでももめ事がおきたら、みんなで話し合う。

先生がとてもいいバランスでクラスの生徒をしっかり見て、いじめ、不登校を未然に防いでいたんだと思います。

だから、クラスの中の風通しもよかった。隣のクラスは半分学級崩壊していたので、「自分はこのクラスでこの先生で、よかったな」と思ったものです。

わたしは小学校のころは、大勢の前で話すのがすごく苦手でした。卒業文集の「シャイな人ランキング」で堂々の一位を取ってしまうくらいで、先生に指されると答えるときに耳まで真っ赤になってしまう。

運動も超苦手でした。足が遅い！　体操も球技も走るのも超無理！

勉強も、音楽と国語、図工以外は苦手ばかりで、パッとしません。

でも、絵を描いているときはワクワク楽しかったのです。休み時間に自由帳に漫画を連載したり、友だちと絵を描いている時間は楽しみでした。

そのあたりのこともたぶん先生は見抜いていて、運動会のしおりや文集など、絵を描くようなシーンでは、「これは中川が得意だから任せるわよ」と言ってくれました。

「先生が任せてくれた」「自分は絵をがんばるぞ」そう思えることがすごく幸せでした。これだったらわたしも楽しく輝ける、と思わせてくれました。

わたしだけじゃありません。先生はそれぞれの生徒の得意なことや好きなことをしっかり見ていて、ガンガン行ける子にはやらせてあげるし、自信のない

子にはそっと手を差しのべる。生徒の興味や関心をすごくよく見極めて、それぞれのキャラクターを生かしてくれました。いま振り返ると、それってすごくクリエイティブ。

最近テレビ番組がきっかけで、当時の同窓会をすることができました。小学五、六年はわたしの学校生活で一番楽しかった時期で、わたしにとって宝物だった時間です。

先生はわたしたちのクラスのことをちゃんと覚えてくれていました。たくさんの子どもたちの成長を見守り、校長先生をつとめたのち定年退職されて、現在はボランティアで子どもたちを教えているそうです。

先生には数え切れないほどの教え子がいます。

生徒にとってはたったひとりの先生でも、先生は何百何千人の生徒を教えてきたはずです。

それなのに、なんと先生は、当時わたしが描いた学校のしおりを大事に保管していて、それを持って来てくださったのです。

「いつも漫画っぽい絵を描いていた中川さんが、美術展のしおりの表紙をまかせたときに、初めてアニメチックじゃない絵を描いたから覚えていたの」と言ってくださったのがすごくうれしくて。その先生のおかげで、「わたしはこれが好き。これが得意なのかも」と、未来の夢の種を見つけることができました。

現実にいまも、この本を作ることになったときに真っ先に、漫画を描いて表現したい！と思いました。先生の言葉が、実際に役に立っています。

深く感謝しています。

自分が好きなことを見つける楽しさに出会えたのは、この先生のおかげなんです。先生や大人の言葉は、とても心に焼きつきます。

先生によって、子どもたちの可能性も未来も大きくふくらみます。

インターネットとSNS教育

わたしが十代だったときといま。いじめの当事者の話を聞いて、いちばん大きく違うと思ったのは、インターネットやSNSによるいじめがあることです。以前は悪口も無視も教室の中で直接、あからさまに行われていました。

でもLINEやツイッターによるいじめは違います。LINEグループで、ある子が発言すると一斉に始まる無視。LINEグループからハブられる。クラスのLINEグループで、誰のことかあきらかにわかるように、その子も見ているのに、名前を出さずに悪口で盛り上がる。裏アカウントをつくり、匿名で悪口を書き連ねる。

最近もニュースで報道されて問題になっていましたが、いじめながら動画を撮り、それをツイッターにのせる。それが拡散されてしまう。

私が不登校になった頃と今の時代との変化はさまざま

LINE インスタ ツイッター等を使ったSNSいじめがあること

ツイート？

クッソキモいので無視してやった笑 生きてる価値なし♡

♡1

も、やっぱいムリなんだ、ついていけ～
キモすぎくさかった～
キモいwww

リアルでだけじゃなくSNSで陰口を言われたり

すぐ既読して返信しないと他のグループで悪口を書かれたり

LINE 168

「グループライン」でいじめ対象の子が何か書いても無視、悪口を書いたり

2年A組（28）

今日まじうけた 頭おかしいのおる
17:93

ハリキってて 超からまわり
17:93

わかる～ｗ
17:44

いじめ対象の子も居るグループでわざと名指しせず、あきらかにその子とわかる悪口を書いたり

また、SNS上（公開／非公開に限らず）で自分の会話内容や写真がさらされて「炎上」させられるというものもあるという

晒しまーす
wwww

SNS登場以降いじめ情報拡散も早く裏切られる事の恐怖で強い緊張感を持ちつづける子が多い

消えて
死ね
キモい
うざい

24時間息がつまる逃げ場がない

「デジタルタトゥー」という言葉があります。

一度ネットにあげられたものは、どんなにあとから消そうが絶対に完全に消えることなく、残り続けてしまいます。

こんなことが犯罪にならないのはおかしいと思えるほどに、どれも残酷です。

学校が終わって帰宅しても、学校がない休日も、LINEいじめは終わることがありません。二四時間三六五日続くわけです。一日中、ああ、またなにか言われていたらどうしよう、自分が知らない場所で、悪口を書かれていたらどうしようと考えてしまう。

絶望的です。すごくすごくつらいと思います。

インターネットやSNSに関するマナーと危険性を、学校で先生が丁寧に教えてもいいと思います。

「悪いもの」「危険なもの」と決めつけるのではなく、間違って使うと人を傷つけたり、自分自身を傷つけたりすることもあるということを、しっかり教育

しないと大変なことになってしまう。

そのうえで、便利で、良い使い方もたくさんあることを、ちゃんと子どもたちに教えてほしい。正しい使い方をして、楽しいニュースや素敵な話題が拡散されることで、誰かの心が救われることだってあるのだから。

第四章

未来の種を見つける「さなぎの時間」

「明るい遺書」が人生の転機に

高校に進学してからは、「こんなふうにずっと落ち込んだり、悩んでばかりしているのは嫌だ！」と思うようになりました。さまざまな映画や特撮、歌やアイドルに憧れていくうちに、自信はなかったけれど、自分に元気をくれた、憧れを抱いていた芸能界にとあるきっかけから足を踏み入れることになりました。

ミスマガジンというオーディションに応募して、最終的に「ミス週刊少年マガジン」になることができ、憧れていたグラビアのお仕事に挑戦することになりました。

そして、芸能事務所に所属して、お仕事を始めました。

しかし、なにごともそんなにうまくいくものじゃありません。仕事もなく、どんどん自信のないネガティブな自分が育ってしまい、オーディションにも落

ち続ける。

所属して一年で、その事務所をやめることになってしまいました。

「やっぱり！　わたしなんかなにをやっても駄目なんだ」

「夢を持ったり、なにかやりたいって思うと、むしろそれが駄目になっていくんだ。神さまがわざわざわたしを狙いうちにして意地悪ばかりする。ほらやっぱりね」

と、ものごとを悪いほう、悪いほうに考えて、どんどん自分を追い込む癖がついていました。十八歳ぐらいのときにも、もうなにもかも嫌になって消えたい、いつでももうやめるから、もうどうでもいいんだわたしなんか……と、薄ぼんやり暮らしていました。

ちょうどそのころに思いついたのが、「ブログ」を始めることでした。わたしはもともとインターネットが大好きで、十三歳のころに祖母に買ってもらったパソコンで、夜通し好きなことを調べる時間が好きでした。

最初の事務所をクビになったあとに所属したのが今の事務所で、当時のマネージャーさんに、「携帯の写真で日記をやりたいんですけど」とお願いをしたら、「いいよ」という返事が返ってきました。まだ「ブログ」という言葉自体が浸透していないころのことです。

どうせ事務所でもまたクビ候補だし、誰も見てくれる人なんかいないんだから、最後のつもりで、と開き直って、明るい遺書のようなページにしようと思いました。

中学の時の卒業文集は、ボスグループが作ったから、わたしの写真がまったく載っていなかったんです。わたしが死んだときに、誰もわたしのことを覚えてないのはイヤだ！　せめてこの世界の片隅に、自分の足跡を残しておこう！

そう思ったんです。

具体的になにを書こうかと考えて、まず思い浮かんだのは、嫌な思い出やつ

らいこと、愚痴なんかです。でも、書きかけてからぐっと踏みとどまりました。

なぜなら、書こうとしているときにまず嫌な思い出がよみがえってくる。読み返したときにもう一回、嫌な思い出を反復することになる。もし万が一、他の人が見たら「うわ、中川翔子って人、暗い」って嫌な思いをするかもしれない。

それでは何段階にもわたって、「嫌な記憶」が増幅されてしまうから、愚痴を書くのはやめにして、今度は「明るい遺書」にしようと気持ちを切り替えました。人に言えなかった楽しいことだけを書いていこうと思い直したんです。

そこからは好きな漫画やアニメのこと、大好きな猫のこと、ゲームのこと、メイクのこと、尊敬するジャッキー・チェンのことなんかを、次々と書き始めました。

学校では絶対に見せられないような、わたしの好きな世界を。もう思いつくり放出しました。失うものなんてもうないから。

当時は、芸能界でも、アニメや漫画、ゲームが好きと公言できる雰囲気では

ありませんでした。趣味は映画鑑賞、お菓子作り、読書というのが長らく守られてきた、正しいアイドル像でした。

だけど、一回書き始めるともう止まらない。誰にも言えなかったような気持ちも、口で言うより早く指で文字を打ち込み、夜中でもガンガン更新する。

すると、学校では出会わなかったような、さまざまな人たちから、わたしも好きです！　わかるわかる！　いいよね！　と、共感の声が届くようになりました。

どうせ誰も見ていないだろう、と開き直ったつもりでも、心のどこかでは、「どうか誰かに見てほしい」「わたしはここで生きてるよ」と思ってもいて、その願いが言葉に宿って根を伸ばして花を咲かせ始めました。

「ああ、わたしは生きてここにいてもいいんだ」と、心の氷が溶け始めました。自分の居場所をようやく見つけられたような気がしました。

「これが好きでした」「これが最高でした」って書いていると、数をたくさん更新することにハマりだします。毎日数十回も更新していくうちに、自分が書いている楽しい言葉に気持ちが引っ張られていきます。

好き好き好きって、ずっと唱えていると、だんだんテンションも高くなって。

やっと人生が明るくなりだしたというか、自分を見直すきっかけになったんです。

「そういえばこれも好きだった」「この懐かしい思い出も残しておきたい」──

せっかくだから、メイクがんばろう、写真残そう、せっかくだからコスプレもしちゃおう……。

どうせ書き残すなら脳みそにあるいろんな大好きを掘り起こしたい。

「小さいころこれが幸せだった」とか、思い出して嬉しいこともどんどん書いて。

そういう言葉を書くことで自分でも救われて、そこからだんだん自分の夢も明確になりだしていきました。

「本当はこれがしたい」という自分の心の声にやっと向き合えるようになったのです。

そのときに夢中で書いたたくさんの好きなことたちが、のちに本当に叶っていくんです。小さなことから、想像すらしなかったびっくりするようなことまで、夢がたくさん叶いました。

大好きな憧れのジャッキー・チェンさんにもお仕事で会えたり。

ずっとやりたかった、アニメソングを歌う夢や、絵を描いて表現すること。

ほかにも数え切れないほど、生きていてよかった! と思える未来につながりました。

言葉には言霊が、宿ると思います。人との出会いにも、夢の実現にも。

好きをあらわす言葉を思うだけではなく、言ったり書いたりすることが、お灸みたいにじわじわと夢へのエネルギーを放つのかもしれません。

とくにネットは、時間を問わず言葉が残せます。自分から放たれた言葉は思いもよらない方向に広がっていったりもします。

いまの時代は、誰でも自由に自分のアカウントをつくり、自分の居場所をつくれます。生きた証を残すことができる。言葉を放ち、誰かに届けることができます。

ほんとうに、インターネットがある時代でよかったと思います。

この「好きなことブログ」が、わたしにとっては大きな人生の転機になりました。

共感できる人は必ずいる

ブログを始めてなによりもよかったのは、共感できる仲間を見つけられたことです。いまはツイッターが大好きです。

実際に会ったことがなくても、好きなことや楽しかったことを誰かと共有できる。

　たとえば「ポケモン」という共通項があることで、世代を超えて盛り上がれる。海外に行ったときも、性別も年齢も国籍も超えて、「ポケモンが好き！」という気持ちだけで「わお！」って盛り上がることができるんです。

　わたしが子どものころは、ポケモンが好きでやっていたけど、友だちに話しかける勇気が出せなくて、交換できずに進化させられなかったりしました。だけどいまはどんどんインターネットが進化して、知らない人や、海外の人ともポケモンを交換できる。

　毎日のようにアニメやゲーム関連の話題が拡散して世界のトレンドになり、いまや大人も子どもも、ゲームやアニメを楽しむことが当たり前になりました。

　大人になってからも、ポケモンのおかげでたくさんの夢が叶い、人とのご縁が広がりました。『ポケモンの家あつまる？』というテレビの番組では、あばれる君やヒャダインさん、りんかちゃんと出会えました。りんかちゃんはひと回り近く年下ですが、世代やお仕事が違っても、「ポケモンが好き！」という気持ちでつながれる。

番組以外のときにも、みんなで集まってポケモン脱出ゲームに行ったり、映画鑑賞会をしたり。

青春を謳歌することができなかったと思っていたわたしの人生だったけど、大人になってからでも心から楽しいと思ったり、爆笑しあえたりできる友だちができるのだと！

青春は、十代限定じゃなくて、あとからやってくる場合があるのだと！

わたしは、三十代になってからがいちばん友だちと遊んでいます。やりたいこともまだまだ果てしなく出てきたし。二十代で抱いた夢のつづきがまだまだ見つかります。

ポケモンの映画の主題歌を自分が歌って子どもたちに届けているなんて未来を、あの頃のわたしはまったく想像していませんでした。

『ポケモンの家あつまる？』では、三つ編みでセーラー服姿のわたしの写真が繰り返し出てきて、りんかちゃんがわたしのその『光を求めていた頃の姿』とついにわたしがその頃の自分のコスプレをしたり！

してコスプレしたり！

大人になってから良かったーと思えたこと

自由な時間は自由に〜

1人映画サイコ〜

1人旅とかしちゃえる

1人焼肉とかもこわくない!

「ぼっちの時間＝自由！サイコー!!」ってなる

年齢や職業問わず友人や知り合いができたりするかもしれない

10歳下の友達やひとまわり上の友達

色んな人に出会えて色んな人がいるな〜個性さまざますごいな〜尊敬するって思えることいっぱい

みんな違っておもしろいっ

正直 大人になっても悪口言う人とかウワサ伝達してくる人とか悪意・おかしな人もいる

ハハッくだらんな〜大人なのに

ポイッ

そんなコトよりおいしい焼肉とお寿司さっ

でも 時間もったいないのでスルースキルが身につくどーでもよくなるうまいこと関わらないよう生きることもできるようになっちゃうと思うんです

まーいっか!って心のセーブデータのスロット枠が増えるかんじ

ヒャダインさんも学生時代の自分を、陰! ヒャダ、陰! というふうに開花させて、いまでは子どもたちに幅広く通じる鉄板ネタになりました。

まさか、黒歴史と思っていたあの頃すらも、意味があり、こんなふうに未来には笑えるようになるなんて。

ものすごくびっくりしました。

人生には、壮大な結果オーライがある。

まさに、ゲームみたいです。

人生はRPG、という言葉に強く共感します。

あの頃しんどかったことが

未来に夢を叶えたり

未来に楽しいと思う瞬間のための、フラグ立てだったなんて。

そんなことに気づかせてくれて、長い時間をかけて花を咲かせてくれたポケモンに本当に心から感謝しています。

そのときに気づかなくても、しんどい時間には、必ずなにかしらの意味があって、未来に繋（つな）がっていくことになる。

たとえば、いじめられて悲しい気持ちを知った人にしか見つけられない言葉がある。その言葉が、誰かを救（すく）う光になるかもしれない。

「好き」というエネルギーが、人と人とをこんなにも近づけてくれるんだ、つなげてくれるんだ、と知ることができました。

いまもこれからも、新作ソフト情報に最高にワクワクします。

十代のころ見つけた好き、は一生ものだと思います。

いまは共感できる人を見つけるツールがたくさんあります。共感できる人が見つかったら、世界は無限大（むげんだい）に広がります。わたしの場合は「好きなことだけをどんどん発信する」というやり方で、心のチャンネルを切（か）り替えて、より楽しいことに気持ちを向けられるようになりました。

自分の好きをぐんぐん広げて、共感できる人を見つけてほしい。そうしたら、

少し息ができるようになると思います。

十代の「暗黒時代」がいまの自分を作った

ある時期まで、わたしはいじめや人間関係で悩んだ時間を「無駄な時間」と感じていました。自分の大切な一分一秒を、人を恨んだり憎んだりに使って、まわりをシャットアウトして自分の殻に閉じこもっていただけだったと思っていました。

いじめで悩んだ時間に、あんなこともできた、こんなこともできたと考えると、本当に悔しい思いでした。だからそれを取り返すためにも、寝る時間を削ってでも本を読んだり好きなことを吸収しなくちゃ！ と、極端な考えになっていました。

でも、二十代後半になってようやく、あの十代の「暗黒時代」がいまの自分を作ったんだと思えるようになりました。

キラキラした青春を謳歌しなかった分、本を読んだり、音楽を聴いたり、歌を歌ったり、漫画を読んだり絵を描いたり。その全部がいまの自分の役に立った、それでよかったのかもしれないと、やっと思えるようになったんです。

もし、わたしが楽しくて楽しくて仕方ない十代、友だちがいて充実した青春を謳歌していたら、いまの仕事はしていなかったように思います。好きなことにのめり込むきっかけも時間もなかったように思います。

結果としてわたしは、たくさんの夢が叶う未来につながってほんとうによかったと思います。モヤモヤな時間にも、いまは「意味があった」と言い切ることができます。

だから、いまいじめで苦しんでいる子どもたちには、「悩む時間は未来の夢の種を見つけるさなぎの時間」だと思ってほしいんです。これをしているときは「いじめのつらさ」を考えないでいられるっていう時間を、なるべく増やしてみてほしい。

わたしにとってはそれが、ゲームや漫画、絵を描くこと、音楽を聴くことでし

た。

あなたにとって、「いじめのつらさをほんのわずかでも、忘れられる時間」はなにをしているときですか。その「自分だけの世界」を少しずつ広げていってください。伸ばしていってください。いじめで苦しむ分の時間を、他に目を向け、夢への種を見つける時間、チャージする時間だと考えて、「チャンスタイム」というふうに捉えてほしいんです。

十代の何でも吸いこめる脳のやわらかい時間は、ゲームでいう、経験値が倍になる元気タイム。一生の、未来を助ける栄養をたくわえる時期！

わたしは大人としてこれからもまだまだ、あのころチャージした好きの気持ちを抱きしめて夢のつづきを歩きたい。

それが、子どもたちに夢の扉を歌や言葉でとどけたいという大人になってからの新しい夢につながっていきました。

生きる意味がわからなくなったり、

未来に希望がもてなかったり。

そんなときに、大人がちゃんと、幸せに生きる姿を見せていくことも、子どもたちが未来に目を向けるための、きっかけになるのではないかと思います。

「自分が幸せと思える瞬間」を見つける

攻撃してくる人、いじめている人に対してビクビクして、思考や時間を奪われるのって、ほんとうにくだらないし、もったいないなと思います。

そんな人たちは、あなたの未来になんの関係もない「他人」です。

他人の人生だから、本来のあなたの人生とは一切関係ない。あまりのつらさに、仕返しをしたいという気持ちが起こるのもわかります。でも、抵抗の手段として、仕返しと死を選ぶのだけは、絶対にやめてください。彼らにはあなたが命を落としたところで、なにも響かないのです。

その人を恨んだり、憎むのにあなたの大切な時間をつぎこむのはもったいない。

だって、人の一生の時間は限られているのだから。

せっかく一回しかない人生、どうでもいい人に大事な十代の貴重なエネルギーを使うより、自分のために使ってみてほしい。「自分が幸せと思える瞬間」を見つけるために。

「自分が自分なりに幸せになること」

そのために将来の選択肢から自分に最適の道を選び続けることが、つらい時間を切り抜けるために大切なことだと思います。

いじめのサインを見逃さないで

先生や親御さん、大人の方へ。

まず自分のクラスはいじめとは関係ない、自分の子どもはいじめとは関係な い、と思わないでください。子どもたちは大人の反応を敏感に感じています。

ギリギリまで悩んで我慢しています。

大人に相談するのは、本当につらい限界を迎えた、SOSなんです。

いじめに悩んでいると訴えられたときに、大人が「そんなの遊びのうち」 「しばらくは様子を見よう」と対応を先延ばしにすると、子どもは「大人はわ かってくれない、本気で取り組んでくれない」と絶望し、殻に閉じこもってし まいます。いじめているほうも、「このくらいまでは大丈夫なんだな」「よし、 見つからないように、もっといじめてやろう」といじめが加速します。だから、 どんな小さな声にも耳を傾けて、真剣に向き合ってあげてください。

そして、どうか子どもたちの「いじめのサイン」を見逃さないでください。 子どもたちのサインは間接的で、言葉にならないものや目には見えないものか もしれません。だからこそ、子どもたちが発する小さなサインを見つけてほし い。サインは日常の小さな行動に潜んでいます。

□持ち物がなくなる、壊れている、汚れている
□持ち物に落書きがある
□学校に行きたがらない
□口数が少なくなる
□頭痛や腹痛など体調不良が多くなる
□仲のよかった友だちと遊ばなくなる
□授業参観など学校からのお知らせを隠すようになる
□笑わなくなる
□乱暴な行動や言葉づかいが多くなる

ほかにもたくさん、理由もさまざまだと思います。いつもとなにか様子が違うとき、それは「いじめのサイン」かもしれません。

わたしも親や先生にいじめを相談することができませんでした。だから、直接「いじめられているの?」と聞いても、子どもは素直にいじめを認めないか

もしれません。

それでも、あなたは愛されている、あなたには圧倒的な味方がいる、あなたのことを大切に思っている人がいる、というメッセージを送ることはできます。

大人は、傷ついた子どもたちの生きる拠り所となり、力になる存在であってほしいです。

「隣る人」になる

自分がいじめられているわけではないけれど、教室にいじめがある、友だちがいじめられている、という子もいると思います。いつ自分がいじめのターゲットになるかわからない、そんな緊張の中で日々学校生活を送っていると考えると、想像しただけで胸が苦しくなります。

わたしは、いじめられていた中学三年の頃に、心に小さな光を見つけました。

小学校のときの同級生の木村と、同じクラスで隣の席になったのです。

しかも、窓際のいちばん後ろのベストポジション。木村と絵を見せ合ったり

ゲームの話で笑い合ったり。小学校以来の久々でも変わらない空気がちゃんと

ありました。

クラスの隅っこに、やっと居場所を見つけられた気がしました。

木村とは小三で出会い、クラスは違いましたが『魔法陣グルグル』という漫

画を貸してくれたのがきっかけで、急速に仲よくなりました。二人ともゲーム

や漫画が好きで、笑いのツボも一緒で、漫画を描いたり、お互いの家をよく行

き来したりしていました。

その木村と同じ中学に入ることになって安心していたのですが、わたしとは

別のクラスの、違う階層に属することになったのです。

木村はわたしと違って、中学になっても友だちを見つけて楽しそうにやって

いました。そんな姿がなんだか眩しく見えました。

「おーい、ナカショウ！」なんて、気さくに声をかけてくれていました。

クラスが違うからなかなか会わないけど、たまに廊下ですれ違ったりすると、

でもわたしはすっかり、クラスで「キモい奴」に堕ちてしまった。

木村にだけは、わたしが一人ぽっちで寂しそうに歩いてるところを見られたくない。恥ずかしいし、木村にもやばい奴と思われたらどうしよう。

わたしは、木村の姿を見かけるとさりげなく柱の陰やトイレに隠れたりするようになっていました。

いま思えば仲がよかったからこそ、木村にいまの自分のみじめな姿を見せたくなかったのです。

ほんとうは、木村に会いに行って、話せていたら少しはラクになれたのかもしれない。けれど、わたしは暗い気持ちを自分一人で抱え込んでいたのです。

木村も、わたしがおかしい奴としての立ち位置なのには気づいていたと思います。

だけど、三年生になり久々に話しても昔と変わらないどころか、ずっと一緒にいてくれて、爆笑したり、絵を描いたり、気持ちがすぐに楽になりました。

木村は、上のカーストや、他のクラスにも友だちがいて、仲よく話していました。

わたしは低カースト。わたしと一緒にいたら、なんであんな奴といるんだろう？　と思われて、木村が損をするんです。

木村もダメージを受けるかもしれない。

それでも、わたしと一緒に笑い合い、過ごしてくれました。

これにどれだけ救われたことか。

それがいかに勇敢な行動だったか。

わたしを変な目で見ないでくれて、いつでも隣にいて笑い合える。

三年生になってやっと、コソコソしないで開き直って、好きな話で盛り上が

れる友だちといられる時間ができたことにホッとしていました。

木村とは大人になったいまも、お酒を飲んだり『ドラクエⅩ』のオンライン

ゲームで遊んだり、変わらない良い距離感の大切な友人です。

あの頃わたしたと一緒にいてくれたことに、とても感謝しています。　照れて言

えないけど！

最近「隣る人」という言葉を知りました。もともとはとある地方の児童養護

施設の保育士さんと子どもたちの日々の暮らしを描いたドキュメンタリー映画

のタイトルだそうです。　親と一緒に暮らせない子どもたちと一緒に生活を送る

「親代わり」の保育士さん。いつもべったりくっついて甘やかすわけではなく、

かといって突き放すわけでもない。　絶妙な距離感で子どもたちを見守り、寄り

添い続ける存在です。「ただ隣にいる人」つまり「隣る人」。

木村はわたしにとってまさに「隣る人」だったと思います。いじめのことを

あれこれ詮索したりせず、ただそばにいてくれた。一緒にお昼を食べたり、笑

木村の はなし

木村との出会いは小学生の頃一緒にマンガを描いたりクラスが違っても爆笑しあえる仲良し

そして私はスクールカーストをどんどん転がり落ちていった

おなじ中学に入ったけどクラスは別になり

小3のとき マンガをかしてくれて仲良くなった

木村は友人も多くできてとても楽しそうだった 私は1人でいるのが恥ずかしくて見られたくなくて隠れたりしてた

こそ…

中3のとき やっと木村と同じクラスになれた 木村はカースト上位の私とも話せるのにカースト下位の私と一緒に居ると損するだろうに ずっと一緒に笑ったり絵を描いたりしてくれて やっと少し心がラクになれた

ある時 私のくつ箱が他のグループの人にへこまされていくようになり それを木村に見られたくなかった せっかく一緒に居てくれているのに

日に日にへこんでいく私のくつ箱を見ても変わらずに全く触れずに一緒に居てくれてた

ただ、となりに居てくれることって「隣る」っていうらしい。これはなかなかできる事じゃないと思う

それでさー

いまでも、オンラインゲームしたりお酒のんだりする ありがとね!!! 木村

もしも誰かにそっと「隣るしことができたら」その子はきっとびっくりするくらい強くなれると思うよ

ったりしてくれました。

一緒に帰るとき、ベコベコにされたわたしの靴箱を、もちろん木村も見ていました。

だけど、そのことについて木村からなにも聞かれない。言いたくないことを、聞かないでいてくれた。

それがいかに救いになっていたか。

大人になったいま、その行動がいかに凄いことだったのかあらためて感じます。

もちろんいじめがピタリとなくなったわけではないけれど、木村としゃべれるからいいやと開き直ったら、ようやく「息が吸えた」と思えたんです。本当に感謝しています。だから、教室の中でいじめがあって、いじめられている子を支えたいと思っている子は、勇気を出して、あなた自身が誰かの「隣る人」になってあげてください。

ただ、一緒にいること。

あなたの行動が誰かを支え、あなたの笑顔が誰かを救うかもしれないから。

いじめている君へ

いじめられた記憶はなかなか忘れられるものではありません。

いじめは絶対許せない、いじめている人が一〇〇パーセント悪いとずっと思ってきました。自分をいじめた同級生たちを恨んだり憎んだ時期もありました。

だから、いじめている人へのメッセージが、わたしにとっては実はいちばん難しいです。

「キモい」とか「ウザい」といって、誰かを中傷したり、疎外感を与えるのもいじめです。相手の持ち物を壊したり、捨てたりするのもいじめです。殴った

り、ケガをさせたりするのも、本人がまるでいないかのように振る舞う無視や、SNSによる仲間はずれもいじめです。いじめは犯罪です。

大人だったら傷害罪、暴行罪、名誉毀損罪、あらゆる罪で犯罪になります。

人の心を殺す罪だと思います。

では、なぜ人は人をいじめるのでしょう。

誰にだって嫌いな人、苦手な人はいると思います。クラスメイト全員と仲のいい友だちになる必要なんてありません。でも、相手を一方的に否定したり、バイ菌のように扱ったり、まるでいないもののように無視することは、絶対に絶対にしてはいけないことです。誰ひとりとして、完璧な人間なんていません。

みんなそれぞれ欠点や短所はあって、それも個性。

みんな違って、だから世界は面白い。

だから、欠点があっても、それはいじめをしていい理由にはなりません。誰だって、決して完璧ではないのだから。

いじめている人にとっては単なる遊びや悪ふざけで、ストレス発散のつもり
かもしれないけれど、自分のことを否定されたり、無視されたりすることが、
どれほどつらいことか、相手の立場になって、想像してみてください。

「クサイ、キモい」と言われ続けて、それがいつまでも心の傷となって残る人
がいることを想像してみてください。

靴箱から靴を盗られて、帰りたくても家に帰れない、そんな場面を想像して
みてください。ネットにさらされたりする恐ろしさを考えてみてください。

万が一、相手がいじめで苦しんで、自らの命を絶つようなことがあったら、
その子を大切に育ててきた家族がどんな悲しみに打ちひしがれるか、想像して
みてください。

そして、自分がいじめられたときのことを想像してみてください。転校した
り、大人になって就職したりして、自分がもし立場が逆転していじめられる側
になったら。

本当に強い人、まともな人は、理性があるから、いじめなんてしないはずで
す。

バレなければいい、先生や親に気づかれなければいいという考えは、弱さの表（あらわ）れだと思います。

もしあなたがグループのボスならば、クラスの中で影響力（えいきょうりょく）のある立場にあるのだから、その影響力をもっと有意義（ゆういぎ）に使ってください。相手をさげすむのではなく、相手を敬う方（うやま）に。

相手を追い詰（つ）めるのではなく、相手を労（いたわ）る方に。いじめるのではなく、いじめられる子に優（やさ）しく接する方に。あなたが変われば、クラス全体の空気が変わるはずです。

そして、自分自身の未来（さき）もきっと変わるはずなのです。

すべての命に尊い奇跡がある

生きていると、いじめのような理不尽（りふじん）なつらいことがある一方で、びっくり

するぐらい素敵なこともあります。とにかく、命さえあれば、あらゆる奇跡のチャンスが日々待っている。健康な命を守ることが、なによりも大事で大切なんです。

わたしは歌手で俳優だった父・中川勝彦と、ものすごく明るくて強い母・桂子の間に生まれました。

母は、いつもわたしのことを全力で守り励まし、サポートしてくれました。学校に行かなくなったときは、馬乗りになって「行け！」と怒鳴られたりもしたけれど、あれは母なりのわたしへの愛情表現だったと思います。わたしが自分を見失ってしまうことを心配したから。

ケンカもたくさんしたけど、いつも本気でわたしに向き合ってくれました。父が亡くなった後、貯金をはたいてフロリダのディズニーランドに連れていってくれたり。親友みたいに、いっしょに漫画を読んでゴロゴロしたり。いわゆる母親らしくはない、破天荒な自由人だけど、わたしを心から心配している。いじめられてしんどいときも、母といる時間はわたしの救いでした。

父はわたしが九歳のとき、三十二歳で白血病によってこの世を去りました。

父とは幼いときから離れて生活をしていました。若くして亡くなってしまったので、数えられるほどの思い出ですが、わたしの血の中には、父の好きだったことや、やりたかったこと、歌や絵や趣味が受け継がれています。いなくなってからも、生きていた確かな足跡を感じ続けています。父が生きていた証は、決してなくならない。父がこの世にわたしを遺してくれたことにいまはとても感謝しています。

父の亡くなった年齢を越えて、いまわたしが感じるのは、父や母、祖父や祖母、そしてその祖先が紡いできた奇跡に驚く気持ちです。

わたしだけでなく、今同じ時代に生きているすべての人が、いまこうして生きていることがあらためて、奇跡すぎる。

もし祖先の誰か一人が若くして命を絶っていたら、いまの自分は存在しない。奇跡が何回も繰り返された、その最先端が自分の命だと思うと、どうでもいい

人から受けたくだらないいじめや、他人の攻撃のせいで命を失うなんて本当にもったいない。あってはいけないことだと思うんです。

命は先祖が代々紡いできた奇跡の最先端。そう思えば、他の誰かに人格を否定されたり、存在を否定される筋合いなんて本当にないと、わたしは思います。

だから守られなければならないのです。

すべての命に尊い奇跡がある。

いじめる方が絶対に悪い。

いじめは絶対許されないこと。

あなたの命は誰にも奪うことはできない

今回、あらためて言葉として残しておきたい気持ちがたくさんありました。

いまいじめられて苦しんでいる人に、なんとか生きて、生きて、生き延びてほしい。その先にはきっと輝く未来があるはずだから。

生きていれば会いたい人に会う方法はあります。会えます。お互い生きてさえいれば絶対に会えるんです。美味しいものがあります。面白いことがあります。いまこの瞬間は、そんなこと考えられないだろうけど、でも生きていたほうが絶対、得です。

他人のせいで、奇跡の塊である命が失われるなんて、絶対許せない。人生は三万日程度しかなくて、そのうちの三分の一は睡眠で消費しちゃうけど、その中でも、ささやかなことから大きなことまで、「ああよかった」と感じることに、生きていれば必ず出会います。

わたしは、そんな素敵な出会いや時間を、いじめを乗り越えた十九歳以降にいっぱい見つけました。もちろん夢がすべて叶うわけじゃないし、しんどいこ

「死にたい」って思う夜がある

だけど忘れないでほしい。人間ってきっと「わ〜、幸せ」って思う瞬間を目指して生まれてくる

365日×80＝29,200日
1日 7時間寝るとして24時間のうち1/3は 睡眠！

80歳まで生きたとしてもたった3万日しかないんだよ。しかもその1/3は睡眠！！すっごく短いよね！！

人間の命は46億年の地球の中で137億年の宇宙の中で本当に一瞬でしかない

だったら、悲しんだりする時間もったいないから、笑顔で燃え尽きられるようにしよう

もちろん人生にはいいことだけじゃなくて理不尽なこともある。でも、心のチャンネルを、角度を変えられる

しあわせ
しんどい

長生きしたほうが、絶対、得。できるだけ、好きなことを見つけたもん勝ち。誰かを攻撃した人勝ちじゃないんだよ

死んじゃったら、それらの楽しみが味わえないよ

やりたかったよう〜死ぬはなきゃよかった〜

すごく好きな人、作品に出会うかも好きなゲームの続編が出るかも

がんばって くださいね！
ありがとう
ついに ポケモン新作 キター！！！！！

大好きな人、憧れの人にもお互いが生きてさえいれば会えたりもするかもしれない

とだっていっぱいある。それでも、いじめている人のために、あなたの大事な時間やエネルギーを費やすなんて、ほんとうにもったいないことです。まして や、大切な命が失われるなんて、絶対あってはならないことです。

大切なことだから何度も言います。

いじめられている君はゼッタイ悪くない。

あなたの時間はあなたのもの。
あなたの命もあなたのもの。
誰にも奪うことはできない。

大丈夫。なんとかなる、なんとかするために、わたしたち大人がいます。
あなたの命はなにより大切な奇跡の塊。

これが、死にたい夜を越えて未来を生きるわたしからのメッセージです。

死ぬんじゃないぞ！
1日でも 長く
長生きしようね

お互い
生きていれば
会えるんだ

人は 幸せになるために
生まれてくるんだ
幸せになることが
最高のリベンジだ

生きて 生きて 生き延びて
あたらしい「夢」と「好き」を
いっぱい 集めちゃおう

第五章

誰かの「隣る人」に

愛猫 マミタス
悲しいとき
つらいとき
消えてしまいたくなったとき
いつも こうして
よりそってくれていました

単行本を出してから

単行本『死ぬんじゃねーぞ‼ いじめられている君はゼッタイ悪くない』を出版したのは二〇一九年八月のことでした。

あれから、わたしはずっと考えています。いじめはなくならないし、コロナ禍になって生活様式は変わっても、いじめの構造や実態は何も変わりません。わたしがこの本を出した意味は本当にあったのだろうか。わたしは、自分の過去をなるべく正直に書いたつもりでしたが、それは少しでも人のためになったのだろうかと、ずっと自問しています。

この本を出すきっかけの一つとなったのは、滋賀県大津市のいじめ事件でした。二〇一一年に当時中学二年生だった男子生徒が、複数の同級生によるいじめを苦に自殺しました。いじめというより、犯罪と言っていい事件でした。

口を粘着テープで塞いだり、お金を奪ったり。にもかかわらず、学校と教育委員会は、その事実を完全に隠ぺいしようとしました。その後、様々な事実が発覚して、社会問題になりました。

このニュースを知ったとき、あまりにも残酷すぎる現実に憤りを感じ、衝動的にブログを書きました。

「そんなことがまかりとおるなら暴行恐喝など世の中の犯罪も遊びですまされることになる、命を追い詰めた、失ったこと、一生背負っても足りない。生徒の声を聞かずにいじめはなかっただの遊びだっただの、恥を知ってほしい。加害者の人権ばかりが優先されるけど被害者は人権を踏みにじられて、命までなくしてしまった、遅すぎる、すべてにおいて。命が失われてからじゃ遅すぎる。教師が、学校が、まともな対処をしないと生徒にとっては学校が世界のすべてになってしまうのだから。学校が世界のすべてではないのに」

今もその思いに変わりはありません。

その大津市で「いじめ防止市民フォーラム」といういじめ問題を話し合うイベントがあり、わたしが招かれたのは、単行本を出した二か月後のことでした。そこには当時の大津市長で、いじめ問題に真剣に取り組んでいた越直美さんも出席されていました。市民が市長に直接意見が言える貴重な機会でした。

そのとき、ある女の子が手を挙げてこう言ったのです。

「わたしは学校に毎日行ってるなかですごくしんどい思いをたくさんしています。空気みたいに扱われたり、学校以外の時間でも、今はSNSで悪口を書かれたりするので、二四時間逃げ場がありません。

わたしと同じような子たちもたくさんいます。でも、そのことを親にも知られたくないんです。

大人の人は一日のストレスを発散するための色んなことができる。ふらっと喫茶店に入るとかができる。わたしたちはそれもできない。大人が当たり前にやっていることすらもできないんです。

だから教室以外にも一つ自由に使える教室を作ってください」

わたしは衝撃を受けました。

たしかに学校では、逃げ場がないんです。どこに行ってもいじめっ子の視線に怯え、一人でいるのも恥ずかしい。そして学生は大人のように一人で喫茶店に行くこともできないのです。

いじめられている子のことを理解しているつもりでも、わたしはいつのまにか、彼らとは距離のある大人になってしまっていたのです。

多くの人から、単行本を読んで勇気づけられた、気付かされた、というメッセージをいただきました。学校の読書感想文を書いてくれた人もいます。だけど、単行本を出しただけで、本当にわたしは誰かに寄り添えているのか、確信が持てませんでした。

わたしは、誰かの「隣る人」になれているのだろうか――。

学生に戻った三日間

　二〇二〇年一月、わたしはあるテレビ番組の出演の依頼を受けました。「BACK TO SCHOOL!」（フジテレビ系）。三日間だけ学生時代に戻り、本当の高校生たちと過ごすという企画です。

　正直言って、わたしはこの企画が怖かった。収録の日が近づくにつれて、心が沈んでいくのを感じました。

　この本で繰り返し書いてきたように、わたしは学生時代にいい思い出がほとんどありません。同級生とは上手く話せなかったし、大人が苦手でした。大人になったわたしが、番組の企画とはいえ、いきなり転校生としてやって来たら、高校生のみんなは困惑するに違いない。仲間になんかなれるはずがない。彼らと同じ制服を着て、校門をくぐるなんて――本能的に「うわー無理！」という感情が湧き出てきました。

わたしの細胞には学生時代のトラウマが、いまだに刻み込まれていたのです。

しかし、仕事です。その気持ちを奥底に閉じ込めて、わたしは制服に袖を通し、学校の門をくぐりました。

京都芸術 高校という、その名の通り芸術に特化した専門学校です。授業は美術の時間が半分近くを占めており、絵画やマンガ、映像などのコースを選択することができました。

わたしは絵画表現コースの二年一組に転校生として入学しました。ドキドキしながら教室の前に立ちます。転校生って、だいたいいじめられるに決まっている。

大人のくせに怯えていました。

「はぁ……怖いな」と、胃が痛くなるような気持ちで、教室のドアを開けました。ところが、挨拶をするとみんな拍手をして、意外にもわたしをすんなり受け入れてくれました。

隣の女の子が話しかけてくれて、教科書を見せてくれました。　机をくっつけて一緒に教科書を見たのは生まれて初めてです。

学生の頃、休み時間は地獄の時間でした。この十分をどう乗り切ろうか、いつもそんなことばかり考えていました。好きな絵を描いていたら「キモいんだよ！」と吐き捨てられたこともあります。だから、できるのは人に話しかけられないように、机に突っ伏して寝ているふりをするか、忙しいふりをするか。休み時間が大嫌いでした。

でも、この学校の子たちは休み時間も思い思い、好きな絵を描いて、それを「上手いね！」「いいね！」と自然にみんなで褒め合ったりしていました。わたしはこの光景を見て「すごく、いいなぁ」と思いました。教室にはなんだか優しい空気が流れていました。

そのうち、クラスの子たちが本物の転校生を囲むみたいに、わたしの周りに

集まってきました。その中の一人がこう言いました。

「絵を描くのが好きなんだよね！　なんか描いてみてよ！」

わたしが、ポケモンの絵を描いたら、

「上手い！」「すごい！」

と手放しに褒めてくれました。

すごく居心地がよかった。この学校の休み時間は、わたしが自然に笑顔でいられる時間でした。

〝おじいちゃん〟の油絵

クラスに一人、気になる子がいました。坊主頭に銀縁の眼鏡、みんなに〝おじいちゃん〟と呼ばれていました。〝おじいちゃん〟は確かにその歳にしては〝おじいちゃん〟的な雰囲気を漂わせています。ニコニコといつも優しく笑みを浮かべていて穏やか。

　"おじいちゃん"は、何かものを落とした子がいたらすぐに「大丈夫？」と言って拾ってあげたり、絵を描いている子のところに行って、「この絵すごくいいね！」と心から褒めたりしています。

　わたしは、この子が教室の空気を優しくしているんだ、だからクラス全体の風通しがよくなっているし、居心地がいいんだということに気付きました。

　初日は、油絵の授業でした。二日間で下絵を描かずに油絵を仕上げる「アラ・プリマ技法」を学ぶという内容です。みんなイキイキと絵の具を溶かし、まっさらなキャンバスに油絵を描き始めました。ところが、"おじいちゃん"の様子がこの時だけはヘンでした。

　一人だけ、油絵の具を使おうとしないのです。なぜか鉛筆で画用紙に絵を描いている。

　わたしは不思議に思いました。なぜなんだろう、なぜ彼だけ鉛筆なんだろう。わたしみたいなそのことを彼に直接訊いてみようかどうか、凄く迷いました。

大人に、ずかずか入り込んでほしくないかもしれない、そう思ったからです。中学生の頃のわたしがそうでした。あの頃は、大人に何を言われても反発していました。大人がよかれと思って、「まあ、卒業すれば良いこともいっぱいあるよ」などと言ってくれても、「なんだ、この人。わたしの気持ちがわかるわけないでしょ」とますます頑なに殻にこもりました。

そんな経験があるから、なんて声をかければいいのだろうかとさんざん迷った挙句、"おじいちゃん"に近づいて、こう言いました。

「鉛筆のタッチがすごくいいね。わたしには描けない素敵な線だよ」

素直な感想でした。だって、彼の描く線はとても繊細で素晴らしかったから。

何も飾らない心からの言葉でした。

すると、"おじいちゃん"は、はにかんだように微笑みました。とてもいい笑顔でした。わたしは、油絵のことには触れられません。

部活が終わって、おやつタイム。放課後、パン屋でパンを買って、同級生と

雑談しながらむしゃむしゃと食べるなんていつぶりだろう。こんなにお腹がすいたのも久々かも。学校で楽しい時間を過ごしていることに感動して、わたしは自分の過去の話をしました。

するとわたしの向かい側にいた "おじいちゃん" もパンを食べながら、ぽつりぽつりと自分のことを話し始めてくれました。

親にも話したことがない

「自分はもともと油絵好きだったんだ」

「へぇー、そうだったんだ」

わたしは意外な言葉に内心驚きながら、さりげなくそう答えました。

「小学校の時、好きでよく油絵を描いていて。なかなかよく描けた絵があって、できた！ って瞬間にね……」

「うん」

"おじいちゃん"

にこー

自然にクラスメイトにほめたり助けたりできるすばらしい人柄

ありがとー

けしごむおちたよー

彼のおかげで教室におだやかで優しい空気が流れていました

おじいちゃんが中学の頃に一生懸命に描いた油絵を破られて以来描けなくなってしまったことを話してくれた

なんと言ったらいいか言葉がうまく出てこなかった

翌日 教室に行くと誰よりも早くデッサンと油絵の両方を描き上げていた！

ババババ

話を聞いてくれてありがとう

そう言ってほほえんだおじいちゃん

1日で急激な進化と変化を見せてくれたおじいちゃんを尊敬しています

きっとすばらしい未来に向かってキラキラしてる！あの時、彼に隣ることができたのだとしたらうれしい。

ドドド

「いじめグループがどやどや入ってきて。『なんだ、この絵』『気持ちわりぃ』って、破られちゃったんだ、ぐちゃぐちゃに……」

「え、ひどい」

「それから、絵を描き上げても、また破られちゃうんじゃないかって、油絵を描くのが辛くて。デッサンは、破られてもまた描けばいい。でも油絵は集中して描くから、破られちゃうと思ったら、最後まで描けないんだ。絵は大好きなのに……」

「え、ひどい」

すごくショックでした。絵が好きな子の油絵がそんな形で奪われてしまうなんて。優しい笑顔の裏にこんな過去があったなんて。いじめグループは、そのときの言葉や行為を覚えていないかもしれない。でも、言われた方の心には深い傷が残ります。

「そうだったんだね」

それしか言葉が出てきませんでした。少し間をおいて、わたしはこう言いま

した。

「でも絵を描くことが好きなら続けて欲しいな」

"おじいちゃん"はいつもの笑顔に戻って、こう言ってくれました。

「こういうことは親にも話したことがなくて。初めて話すんだ。聞いてくれて
ありがとう」

わたしはとても驚きました。親にも話していなかったことを、今日初めて会
ったわたしに話してくれるなんて。"おじいちゃん"はなぜわたしに打ち明け
てくれたのだろう。そのことを考えているうちに、どう言葉を返したらいいの
かわからなくなってしまいました。

家に帰ってからもそのことを考えてしまって、その日はなかなか寝つけなか
ったのを覚えています。

わたしに何かできるだろうかといくら考えても答えは出ず、せめて明日また
彼の素敵な絵を見て、心のままに褒められたらいいな、と思いながらようやく
眠りにつきました。

翌日学校に行くと、なんと〝おじいちゃん〟が油絵の筆を持っていました。

そして、一日で鉛筆のデッサンと油絵の両方を超絶スピードで仕上げてしまったんです！　それは素晴らしい油絵でした。

わたしは、嬉しかった。彼の中でどんな変化があったのかはわかりません。

でも、他人のわたしに自分のトラウマを打ち明けたことで、何かが大きく変わったのかもしれません。

思春期は、何気ない一言に激しく傷つくこともあるけれど、誰かの一言だったり、大人に褒められたり、何かがきっかけになって一日で大きく進化することがあります。〝おじいちゃん〟の場合は、爆発的な進化でした。

「めちゃくちゃすごいじゃん！」

わたしは絶賛しました。心からの素直な気持ちで。

〝おじいちゃん〟はニコリと笑いました。

あのとき、彼はなぜ話してくれたんだろう。外から来た人だけれど、わたしのことを「敵じゃない」と思ってくれたのかもしれない。

その時、はじめてわたしは少しだけ「隣る人」になれたのかもしれないと思うことができました。

年齢も性別も地位も関係ない

半年後。歌のイベントで京都に行ったとき、あの時のクラスメイトたちが観に来てくれました。イベントが終わって久々に再会した "同級生たち" の中に "おじいちゃん" もいました。"おじいちゃん" は、何か吹っ切れたような晴れやかな表情をしていました。

実はロケの後、番組のスタッフさんから「"おじいちゃん" が美大に行くと決めたようです」と聞いていました。

心から嬉しかった。絵が上手だったにもかかわらず、油絵が描けなくなって

しまった。"おじいちゃん"が、たった一日でこんなに変わったなんて。きっと彼なら、素敵な美大生になるだろう、と思いました。

人生は、壁にぶつかったり、遠回りしたりすることもあるけれど。大好きなことや夢を見つけた瞬間から輝き出すと思います。

わたしにとってこの経験はとても大きなものでした。年齢や性別、地位などに関係なく人をリスペクトすること、その人のいいところを見て素直に言葉にして褒めることの大切さを"おじいちゃん"から学びました。

京都芸術高校で実際にそれを体験することができてわたしも少しずつ変わることが出来たような気がします。そして、言葉や行動には「責任を持たなくてはならない」と改めて思いました。

たったの三日間だけど、すごく濃密な三日間。

彼らと別れるとき、あんまり嬉しくて泣いてしまいました。卒業式でさえ、

泣いたことのなかったわたしなのに。

彼らと自然に笑顔で過ごせたことが嬉しかったんです。わたしの細胞に刻み込まれていたトラウマや、長い間ひねくれていた心の氷をクラスメイトは溶かしてくれました。

わたしはあの日から、年上でも年下でも関係なく、いいな、すごいなと思える人を素直に尊敬することができるようになれたと思います。

十代という時期は無限の可能性に満ちています。なんにでもなれるし、色んな体験だったり、知識だったりを、無意識のうちに人生で一番吸収している時期。だからこそ、大切なのは、大人が子どもと優しく一緒に楽しむ空間を共有することだと思います。

もし傷ついた子がいたら、しっかりと"隣り方"を探らなければならない。心の傷にわざわざ触れるのではなく、共通の好きなことや何気ない雑談で笑ったり、その子の素敵なところを褒めることが大切だと思います。

描くのをやめた理由

でもこの「褒める」言葉をかけるということが意外に難しいんです。相手との関係性が近ければ近いほど、わかってるよね、という気分で言葉にしないことが多くなるし、無理やり褒めようとするとそれは相手に見抜かれてしまう。

楳図かずお先生のインタビューの記事を読んで、驚いたことがあります。楳図先生はあるときから漫画を描かなくなってしまったのですが、その理由のうち一番大きいのは「誰からも褒められないから」だというのです。わたしは大袈裟ではなく楳図先生の漫画で何度も人生を救われ衝撃でした。楳図先生のことなら、三六〇度あらゆる角度から一生褒め続けられる自信がある。それなのに、その楳図先生が誰からも褒められない、なんならダメ出しばかりされるといって漫画を描かなくなってしまった――。

だれにも ほめられないから
描くのをやめました

なんなら ダメ出しされる……

数年前に海外で賞を頂いて
また やろうかな、と
思ったんですよね

楳図かずお様のような
神様であっても人間なんだ

人間なのだから
あたりまえに 心も体も
元気でがんばれる
わけではないんだ

すごいって
ステキだって
心から思ったら
何度でも言葉にして
意識して伝えよう
書き残そう
そう思った

ほめるって
自分も 相手も
うれしいし
気持ちいいね

SNSは
なにかを ほめる
ゲームのように
使おうと思う

ほめられると
うれしい気持ちには
年齢も関係ない
誰だって ほめられたら
うれしいし また
がんばれる 人間だから

言霊ってある。
ことだま

漫画を描くのをやめてしまった楳図先生ですが、二〇一八年、フランスで漫画賞を受賞しました。アングレームで年に一回行われる『アングレーム国際漫画フェスティバル』は「漫画界のカンヌ」とも言われる国際的な漫画賞です。

そこで楳図先生の『わたしは真悟』が、「PRIX DU PATRIMOINE（遺産賞）」を受賞したのです。

楳図先生の受賞コメントは喜びにあふれていました。

「賞をいただくのは小学館漫画賞が最初で、今回が二度目の出来事です。それも、漫画を芸術として愛するフランスからです。『トレゾホ!!』『とても嬉しいです!!』これです!! これをきっかけとして、このあと楽しい企画がぞくぞく続く予感がして、とても幸せな気分です。見守ってくださった皆様!! ありがとうございました」

ようやくフランスで評価され、褒められて、また、描こうというモチベーシ

ヨンが上がったと言うのです。

ガーンッ！　と頭を殴られたような思いでした。楟図先生ほどの偉大な人なら、これまで数えきれないほど褒められているのだろうと思っていました。でも、実際はそうではなくて、褒められないことに心が削られていってしまっていたんです。ショックでした。そして楟図先生のような神様のような人でも、わたしたちと同じ人間なんだということを思い知りました。

褒めることには、大人も子どもも関係ない。「これ素敵だね」「これ、すごいね」と思ったなら、ちゃんと言葉にして相手に伝えることが大切だと思います。誰かを傷つける言葉よりも、誰かを褒める言葉を使うことのほうがずっとずっと大切だと小さいころから学校でも家でも教えてほしいと思います。

言葉は凶器になる

わたしは、コロナ禍に YouTube をはじめました。デビュー間もない十代の頃、自分が生きた証を残したくてブログを始めて、それが世の中の人にわたしを知ってもらうきっかけになりました。

ただ、多くの人が共感してくれた一方で、わたしは誹謗中傷を昔からずっと受けていました。おそらくわたしは、著名人のなかでも「叩きやすい」の部類に入っていたのでしょう。事実を捻じ曲げられ、悪意のある言葉に傷つきました。

でも当時はどうすることもできなかった。まだ、有名人はやられて当たり前という風潮が社会にありました。

そんなこともあって、わたしは、YouTube をやることを躊躇していました。誰も見てくれなかったらどうしよう、今までのキャリアが台無しになったらど

誹謗中傷、ひと昔前までは
泣き寝入り。ガマン。言われる方が
悪い。そんな流れがずっとあったけど
もう時代は変わりつつあります。

うそつき
自殺しろ
ブス
目ン玉くり抜くぞ
早くしね
殺害予告

何度も何度も殺害予告や
尊厳や名誉をキズつける
誹謗中傷を受けつづけてきました
結局世の中は加害者を守り
被害者が心も時間もお金も
失う仕組みなのか?とギモンを抱き

何度も警察に行き、
相談をしました。
匿名で書きこみをしていた
犯人を、すぐに特定して
しっかり対応して頂きました。

POLICE

匿名、と思ってるものは
実際には匿名ではないです
警察が調べに来るって怖いです
家族や仕事先にもバレます
人を攻撃してそれが
自分に返ってくる シンプルに
そういうことです

誹謗中傷、も警察に相談して
下さい。と刑事さんが話して下さいました。
裁判・費用・時間がかかる...と
あきらめるのではなく、キケンから
守ってもらうためにも。

同じように悩んでいる人たちの
力に少しでもなれるように
抑止につなげるためにも
これからも行動発信してゆきます
いのちだいじに。自分もみんなも
幸せに長生きしたいね!またね♡

POLIC

うしよう、何より誹謗中傷を受けたらどうしよう、それが気になってなかなか手を出せなかったんです。

ところが、世の中に新型コロナウイルスが蔓延すると、芸能の仕事、特にイベントやライブの仕事は制限されてしまいました。それでようやくYouTubeをやるという決断をしました。

いざ、始めてみると、映像でまるごと生きた証を残せる楽しさに夢中になりました。誰かから与えられて表現するのではなく、自分から発信する場を持てたのは新たな喜びでした。

そして何より、ネットの世界は誹謗中傷が多いと思っていたけれど、YouTubeは思っていたよりも治安が良くて、いろいろな人がさまざまな優しい言葉でわたしの動画を褒めてくれて驚きました。褒められると自分は自分でいいんだ、という自己肯定感が上がって、もっともっと頑張ろうとも思えるようになりました。以前よりも心が健康になってきたと思います。

もちろん、未だに誹謗中傷を一部の人から受けることがあります。これまでは泣き寝入りしていましたが、今は然るべき対応を取ることにしています。警察に自分で赴いて直接、訴えます。警察はほとんどの場合、犯人を特定することができるからです。自分が動かないと、状況は何も変わらないと思うようになりました。

人はなぜ人の悪口を言うのでしょう。単純な話、悪口を言っているその時は楽しいから。でも、それは必ず自分に返ってきて後悔することになります。だから、悪口を言われない人もいないと思います。

人間は、きっとそういう生き物なんだと思います。

二〇二〇年、ネット上での多くの誹謗中傷を苦にしてプロレスラーの木村花さんが自殺するという悲しい事件がありました。そして、この事件がきっかけとなって、ようやくネット上で誹謗中傷した投稿者の情報の開示を容易にする法案が成立しました。また、侮辱罪の厳罰化も議論されています。

でも、命が失われてからでは遅すぎる。

いじめも相変わらずなくなりません。いくつもの若い命が失われています。

失われた命は戻ってこないのです。

そして、こうした事件が起こったとき必ず現れるのが、被害者の家族をネット上で叩く人です。なぜ被害を受けた人の家族が叩かれなければならないのか。こんな異常なことが放置されていていいはずがありません。

匿名のつもりでいても、警察は誰が書き込んだのかすぐに特定できます。誹謗中傷は犯罪なんだと自覚してほしいし、教育現場でもネットマナーはしっかり指導してほしいと思います。

言葉は人の命を奪うナイフにもなります。ネットに書き込みをすることも、リアルでの会話と同じように、凶器になるということを肝に銘じて欲しい。

人間は誰しも完璧じゃないし、弱い気持ちになったり、愚痴をこぼしたくなったりします。でも、人の悪口を言うことで、その気持ちを紛らわせないで欲しいんです。いっときの浅はかな優越感に溺れないでほしい。

全てのいじめは悪口から始まります。

匿名だと思って、大人になってもそうしたくだらないことを繰り返している姿を子どもが見て、どう思うでしょうか。情けないし恥ずかしいことだとわたしは思います。冷静に理性的に、心に余裕をもって生きてほしい。相手をリスペクトし、素敵なところを見つけることにエネルギーを使ってほしい。そういう世の中になってほしいと心から思います。

「人を褒めると自分の人生によいマイルがたまっていく」、そんなふうにみんなが考えられたらいいのにな、と思います。

誰かの「隣る人」に

わたしは昔からせっかく褒めてもらっても、恥ずかしかったり、自分なんて大したことないよという気持ちから、わざわざ自虐的なことを言ってしまったりするタイプでした。でも今は「ありがとう」と褒められたことを素直に受け止められるように意識を少し変えました。

言葉は凶器にもなるけれど、人に寄り添うぬくもりにもなります。

子どもも大人も誰かの　"言葉"　に傷つけられます。そういう時こそ、誰かが「隣る人」になれたらいいと思います。

傷つけあうのではなく、そんな優しい世界になることを祈って、わたしも微力ながらSNSや、この本を通じて一人でも多くの誰かの「隣る人」になれたらいいなと思っています。

　そして、最後に。

　以前、わたしがいろいろ嫌なことがあって落ち込んでいたとき、楳図かずお先生にお会いしました。　別れ際に先生はこう声をかけてくださいました。

「またね」

　その言葉を聞いてわたしは、「そうか!!　死ななければ、また楳図先生に会えるの!?　サヨナラじゃないんだ!」と感激しました。

　楳図先生の「またね」の三文字にそのときのわたしがどれだけ救われたか。

　だから、この本を手に取って読んでくださったすべての人に心からの感謝を込めて、わたしもこう言います。

「またね!!」

文春文庫

本書の無断複写は著作権法上での例外を除き禁じられています。また、私的使用以外のいかなる電子的複製行為も一切認められておりません。

「死ぬんじゃねーぞ!!」
いじめられている君はゼッタイ悪くない

定価はカバーに
表示してあります

2022年8月10日　第1刷

著　者　中川翔子
発行者　花田朋子
発行所　株式会社 文藝春秋

東京都千代田区紀尾井町 3-23　〒102-8008
ＴＥＬ 03・3265・1211㈹
文藝春秋ホームページ　http://www.bunshun.co.jp

落丁、乱丁本は、お手数ですが小社製作部宛お送り下さい。送料小社負担でお取替致します。

印刷・図書印刷　製本・加藤製本

Printed in Japan
ISBN978-4-16-791922-1